優雅的反擊！
ELEGANT COUNTERATTACK

活出高雅格調，創造他人無法複製的精彩人生

朱凌，常清 著

女人溫柔
卻從不妥協

展現自信強大的氣場，全世界都會為妳駐足
從不被世俗定義，自由、獨立是女人的底氣
實現自我價值，散發屬於自己的光彩
以智慧與優雅，書寫高品質的幸福生活

目錄

第一章　幸福不是去外面要，而是去內心找

一無所有時，把陽光握在手裡　　　　　　010

幸福不一定非得一千萬　　　　　　　　　013

女人要獨立　　　　　　　　　　　　　　016

女人那麼幸福，來源於知足　　　　　　　020

清理內心多餘的煩惱　　　　　　　　　　023

你愛慕虛榮的樣子，真的不好看　　　　　026

生活以苦痛我，我卻報之以快樂　　　　　029

且行且珍惜　　　　　　　　　　　　　　033

你要的是幸福，還是別人眼裡的幸福　　　037

第二章　我不懼怕成為這樣「強硬」的女人

扛住一切挫折，奔你的前程　　　　　　　042

在苦難中微笑　　　　　　　　　　　　　046

孤獨一定會有，但請不要封閉自己　　　　049

目錄

把苦難當營養吸收，悟出奮鬥的意義　　053

你的堅持，終將美好　　056

過去的經歷不是財富，對經歷的反思才是　　059

願你承得下悲傷，也輸得出力量　　062

打不破思維，憑什麼過漂亮的生活　　065

第三章　不必將就和討好，做你自己就足夠美好

世上只有一個你，別為難自己　　070

我不是最優秀的，那又怎樣　　073

不必討好，做你自己就足夠美好　　076

緣分盡了，分手便是成全　　080

他不要你，不是你不夠好　　083

你可以愛一個人到塵埃裡，但沒人愛塵埃裡的你　　086

人格獨立、情感依賴的女人最可愛　　089

單身再久，也不願意將就　　092

第四章　只想和你好好過

如果愛，請深愛；若愛，請表白	096
只要務實的愛情	099
在你身邊的，才是最好的	103
追求幸福的路，別走得太坎坷	107
請一定溫柔地對他	111
愛情與婚姻的溫差	114
人生那麼美好，何必爭爭吵吵	117

第五章　生活要你低頭，是為了讓你戴上王冠

以清淨心看世界，以歡喜心過生活	122
不平靜，不快樂	126
壞情緒只會拉低你的生活層次	129
想開，看淡，重新開始	134
守一顆恬然淡定的心	137
順其自然，人舒坦，心舒坦	141
不辯也是大胸襟	144
壓抑時，在冥想中接受	148

■ 目錄

第六章　親愛的，請以簡單的方式過生活

再不慢下來，就白活了　　　　　　　　　152

擁有得太多，才覺得雞毛蒜皮都是煩惱　　154

願你歷盡千帆，歸來仍有童心　　　　　　157

極簡單，極快樂　　　　　　　　　　　　160

用情趣帶給生活想要的儀式感　　　　　　164

人活一世，什麼都要享受一下才不虧　　　167

從不預支「此刻的生活」　　　　　　　　170

真正通透的女人，必耐得住寂寞　　　　　173

留一點時間給自己　　　　　　　　　　　175

第七章　你當溫暖，且有力量

以堅強的姿態，對抗生活的凌厲　　　　　180

你的寬容，必須有底線　　　　　　　　　183

在別人需要時拉一把　　　　　　　　　　188

身披善良，向陽而生　　　　　　　　　　191

你給別人的，其實是給自己的　　　　　　194

心懷感恩，一生溫暖	197
「求同存異」交朋友	200

第八章　修練涵養與外在，不過是為了取悅自己

溫柔，是女人最高級的性感	204
絕對要優雅	207
自信的女人自帶光芒	211
微微一笑很傾城	216
才情，是女人最美的芳華	220
你的氣質，藏在讀過的書裡	223
做一隻旅行青蛙，永遠在路上	226
有一個業餘愛好，很好	230

目錄

第一章

幸福不是去外面要，
而是去內心找

■ 第一章　幸福不是去外面要，而是去內心找

一無所有時，把陽光握在手裡

　　生活中，每一個人都不可避免地會經歷幸福時的歡暢、順利時的激動、委屈時的苦悶、受挫時的悲觀和選擇時的徬徨，這就是人生。人生就是一碗酸、甜、苦、辣、鹹五味俱全的湯，每種滋味都要品嚐。

　　然而，生活並非只有無奈，而是可以憑自身主觀努力去掌握和調控的。做最陽光的自己，人生就可以操之在我。

　　陽光是世界上最純粹、最美好的東西。它驅除陰暗，照耀四方，讓人心曠神怡；它沐浴萬物，讓世界充滿向上和成長的力量；它坦蕩無私，散發著快樂與博愛的光芒。

　　一個陽光的人，總是能夠自由自在地生活，勇於選擇和承擔生活的責任，不受塵世的約束卻又深情細緻。

　　有陽光，當然也會有陰影。當陰影來臨時，就是自我沉潛、韜光養晦的時機。即使陰影仍在頭頂上盤旋，內心充滿陽光的人也沒有悲傷，因為在他們的內心還留有幸福的餘溫。

　　人生陽光與否，其實是人的一種感覺，一種心情。外部世界是一種境況，我們的內心又是另外一種境界。如果我們

一無所有時，把陽光握在手裡

的內心覺得滿足和幸福，我們就快樂；我們的心靈燦爛，外面的世界也就處處充滿著陽光。

一個剛入寺院的小沙彌，心有旁鶩，忍受不了寺院的冷清生活，甚至有了輕生的念頭。這一天，他獨自一人走上了寺院後面的懸崖，就在他緊閉雙眼，準備縱身跳下時，一隻大手按住了他的肩膀。他轉身一看，原來是寺院的老方丈。

小沙彌的眼淚馬上流了下來，他告訴方丈，自己已看破紅塵，只想一死了之。

老方丈搖搖頭，對小沙彌說：「不對，你擁有的東西還有很多很多，你先看看你的手背上有什麼？」

小沙彌抬手看了看，訥訥地說：「沒什麼呀？」

「那不是眼淚嗎？」老方丈語氣沉重地說。小沙彌眨眨眼睛，又是熱淚長流。

老方丈又說：「再看看你的手心。」

小沙彌又攤開雙手，對著自己的手心看了一陣，不無疑惑地說：「沒什麼呀。」

老方丈呵呵一笑，對小沙彌說：「你手上不是捧著一把陽光嗎？」

小沙彌怔了一下，心有所悟，臉上也泛起絲絲笑容。

只要心中留下一片陽光，縱使周圍是無邊的黑暗和寒冷，你的世界也會明媚而溫暖。掬一把陽光，整個太陽便笑

第一章　幸福不是去外面要，而是去內心找

在掌心裡，魅力四射。

何不為心靈敞開一扇門，讓自己通向更高層次的覺悟？讓生命可以得到更多的能量，和本我接近，最後，探源至精神的最光亮處，獲得人生的圓滿。

作家焦桐說：「生命不宜有太多的陰影、太多的壓抑，最好能常常邀請陽光進來，偶爾也釋放真性情。」

愛若是生命的原動力，覺悟就是生命的源頭，而生命就是陽光。活著，就是要尋找屬於自己的光亮。

生命透過不同形式的傳達，有了不同的人生境界。生命裡確實承受不起太多的陰影，在生命停泊的港灣，讓我們一起邀請陽光走進來，尋找屬於自己的陽光，做最陽光的自己。

幸福不一定非得一千萬

俗話說，人生失意無南北，宮殿裡也會有悲痛，茅屋同樣也會有笑聲。只是，平時生活中無論是別人展示的，還是我們關注的，總是他人風光的一面，得意的一面。

有位哲人說過，與他人比是懦夫的行為，與自己比是英雄。這句話乍聽不好理解，但細細品味，卻也有它的道理。所以，女人不要把自己的生命浪費在和別人比較上，應該與自己的心靈賽跑。

有這麼一個故事：

一對年輕男女步入了婚姻的殿堂，甜蜜的愛情過去之後，他們開始面對日益艱難的生計。妻子整天為缺少錢財而憂鬱不樂，他們需要很多很多錢，十萬，百萬，最好有一千萬。有了錢才能買房子，買家具、家電，才能吃好的、穿好的……可是他們的錢太少了，少得只夠維持最基本的日常開支。

她的丈夫卻是個很樂觀的人。丈夫不斷尋找機會開導妻子。

有一天，他們去醫院看望一個朋友。朋友說，他的病是

第一章　幸福不是去外面要，而是去內心找

累出來的，常常為了賺錢不吃飯、不睡覺。回到家裡，丈夫就問妻子：「如果給你錢，但同時讓你跟他一樣躺在醫院裡，你要不要？」妻子想了想，說：「不要。」

過了幾天，他們去郊外散步。他們經過的路邊有一幢漂亮的別墅，從別墅裡走出來一對白髮蒼蒼的老者。丈夫又問妻子：「假如現在就讓你住上這樣的別墅，同時變得跟他們一樣老，你願意不願意？」妻子不假思索地回答：「我才不願意呢。」

丈夫笑了：「這就對了。你看，我們原來是這麼富有，我們擁有生命，擁有青春和健康，這些財富已經超過了五百萬，我們還有靠勞動創造財富的雙手，你還愁什麼呢？」妻子把丈夫的話細細地咀嚼、品味了一番，也變得快樂起來。

那些總認為自己太差的人，他們心靈的空間擠滿了太多的負累，從而無法欣賞自己真正擁有的東西。其實女人不必對自己太苛求，我們又怎麼知道別人一定比自己好？事實上每個人都有令人羨慕的東西，也有自己缺憾的東西，沒有一個人能擁有世界的全部，重要的是自己內心的感覺。

有一個因為沒有一雙完整的、漂亮的鞋而苦惱的女孩，當她為自己有漏洞的鞋而悶悶不樂時，忽然有一天她看到了那個拄著拐杖要飯的沒有腳的男孩，她才發現自己是多麼富有，又是多麼可悲。富有是因為她有一雙腳，而可悲卻是因為她不懂珍惜現在的生活，不懂得欣賞自己的擁有。

幸福不一定非得一千萬

我們要接受自己生活中所謂不完美的地方,用「和自己賽跑,不要和別人比較」的生活態度來面對生活。如果我們願意放下身段,觀察別人表現傑出的地方,從對方的表現看出成功的端倪,收穫最多的,其實還是自己。不要與別人比華麗的服裝而忽視了自己真正需要提升的東西。

生活中,少一些抱怨,多一些感激,靜下心來,放下心靈的負擔,仔細品味你已擁有的一切。

第一章　幸福不是去外面要，而是去內心找

女人要獨立

　　女人缺乏安全感，關於這一點，我想無論是女人還是男人都會點頭表示認同。女人經常會問男人「你愛我嗎」、「你會一直愛我嗎」、「你是真的愛我嗎」等類似的問題，甚至會設定場景考驗對方，最經典的莫過於：「如果我和你媽同時掉進水裡，你會先救誰？」

　　女人，你想要的安全感，到底是什麼？是一個永遠不會離開的男人，一個屬於自己的房子，還是一個注定美好的未來？

　　關於安全感，有位暢銷書作家對所有女人說：「親愛的，缺乏安全感，並不是多大的事。你只需要做一件事——永遠不要找別人要安全感！」也許，走過一些路，愛過一些人，受過一些傷，才會明白，別人給的安全感都是幻覺，只會讓你內心的不安肆意蔓延。所以，千萬不要把安全感建立在別人身上，靠任何人都不如靠自己，只有自己獨立，才是真正的安全感。

　　如何活成一個通透的女人？前提是你必須獨立。獨立不僅讓女人得到尊重，更重要的是，它能讓女人少受傷！

女人要獨立

獨立是精品女人的必備要素,幾乎所有的都市女人都認可了這一觀點。在事業上有主見,不受他人擺布;在生活中有自己的圈子,不會因脫離男人而孤獨。獨立是一種很高的境界,它需要良好的心態和全新的價值觀。

做女人的極致狀態是什麼?不是他負責賺錢養家、妳負責美貌如花,而是自顧自地美麗、優雅、有品味。

有工作的女人在物質上有獨立感,這種感覺能使她們的精神獨立有相對堅實的地基。但不少女人在經濟上仍依賴男人,而不少男人也很自傲,把女人視為自己的私有財產,甚至輕視女人。

相對於物質獨立來說,女人的精神獨立更為重要,因為女人的精神是無比神祕和無比豐富的誘人世界,女人精神的獨立是對自己的認可。當女人的精神世界被別人支配時,這個女人就會十分悲哀。女人可以在自己的精神世界裡建立起一個美好的王國,當她自豪地感覺到自己就是這個王國的女王時,就會在現實生活中找到自信。女人的精神獨立體現在她的思想是受自己支配的,而不會為別人盲目修改自己的行為。

有個女人愛上了一個她感覺極好的男人,由於感覺太好,她想跟其他朋友分享她的感覺,於是她徵求她們的意見。朋友都認為,這麼好的男人一定會有很多女人追,將

第一章　幸福不是去外面要，而是去內心找

來他很難抵擋得住誘惑。分析的結論是這種男人沒有安全感，不值得交往，於是她和這男人分手了，但又因此長期痛苦。後來聽說她認識的另一個女孩和他結婚了，她只能暗自心傷。

　　女人精神的動搖是一種不獨立的表現。還有很多女人都像得了「預支恐懼症」，一接觸男人就想他將來可不可靠，越想越不對，明明現在有很好的感覺，一想就恐懼了。其實生命的意義就在此時此刻的分分秒秒，如果你對一個人的感覺好，就應該跟他去共同營造更好的感覺，哪一天不好了，再與他分手也不遲。

　　有些女人總認為戀愛就必須結婚，假如中途分手就覺得丟人，多分手幾次更是坐立不安，怕別人議論，這是一種不成熟的想法。現在的人各自都有自己的事，任何人都沒功夫來關注你的戀情，你分不分手是你個人的事，完全沒必要緊張別人的反應。所以，女人不要傻，一定要學會在精神上獨立。精神獨立的女人才能真正地堅強和自信起來，即使面對變幻無常的社會，她們也不會丟掉微笑。說到底，女人獨立自主的意識，最終決定了女人的獨立行為。

　　獨立的女人雖然沒有小鳥依人的可愛，沒有楚楚動人、惹人憐愛的淚眸，但是她們風風火火的行事作風，敢作敢為的勇氣，同樣也有讓人眼前一亮的風采。

女人要獨立

獨立的女人雖然沒有溫室花朵嬌豔的外表，但她是一株站立在山間臨風搖曳的野菊花，在風雨霜露之中，總是披著它墨綠色的外衣，昂著淡紫色的頭顱，秉持著美麗的心情，迎著涼爽的秋風唱著屬於自己的情歌。

這樣的女人擁有廣闊的心胸、高瞻遠矚的目光。她們懂得「退而結網」的道理，她們懂得用自己的雙手規劃未來。她們懂得「靠山山倒，靠水水枯」的道理，她們會用自己手中的筆，在藍圖上描繪自己將要創造的山水。

獨立的女人更具自主能力和自尊意識，也更具魅力。因此，如果想成為有持久魅力的女人，一定要樹立獨立自主的意識，並採取相應的行動。人沒有脊梁將無法直立行走，通透的女人深知這一點，所以她們拒絕做只能依附男人的菟絲花，而是選擇做自己的獨立女王。

第一章　幸福不是去外面要，而是去內心找

女人那麼幸福，來源於知足

「怎麼去擁有一道彩虹／怎麼去擁抱一夏天的風／天上的星星笑地上的人／總是不能懂不能覺得足夠……」一首五月天的〈知足〉唱出了現今人們最真實的感受。知足常樂，才是對幸福定義最完美的詮釋。

有一個人，偶然在地上撿到一張大鈔，他得到這筆意外之財以後，總是低著頭走路，希望還能有這樣的運氣。久而久之，低頭走路成了他的一種生活習慣。若干年後，據他自己統計，總共拾到近四萬顆鈕扣，四萬多根針，錢僅有幾百塊。可是他卻成了一個嚴重駝背的人，而且在過去的幾年中，他沒有好好地去欣賞落日的綺麗、幼童的歡顏、大地的鳥語花香，把青春都荒廢在路上了。

的確，人有了貪欲就永遠不會滿足，當然也就無從獲得快樂，要想真正享受人生的樂趣，就應該做到知足常樂。因為知足是根、常樂是果，知足彌深，常樂的果才會豐碩而甜美，也只有知足的人才會懂得珍惜，才會開心快樂。

有一幅名字叫做「知足常樂」的畫，上面記錄了一個古老的故事。一個騎高頭大馬的人昂首走在前面，一個騎毛驢的

女人那麼幸福，來源於知足

人悠閒地走在中間，走在後面的是滿頭大汗推著小木車的老漢，上面還有這麼幾行詩：世上紛紛說不平，他騎駿馬我騎驢，回頭看到推車漢，比上不足下有餘。

因為知足，所以常樂。只有人心知足了，靈魂富裕了，豐盈的芳香才會從心底溢位，瀰漫幸福！

知足常樂是一種看待事物發展的心情，不是安於現狀的驕傲自滿的追求態度。《大學》曰「止於至善」，是說人應該懂得如何努力而達到最理想的境地，懂得自己該處於什麼位置是最好的。知足常樂，知前樂後，也是透析自我、定位自我、放鬆自我，如此才不至於好高騖遠，迷失方向，碌碌無為，心有餘而力不足，弄得自己心力交瘁。

知足是一種處世態度，常樂是一種幽幽釋然的情懷。知足常樂，貴在調節，可以從紛紜世事中解放出來，獨享個人妙趣融融的空間，對內發現內心的快樂因素，對外發現人間真愛與秀美自然，把煩惱與壓力拋到九霄雲外，感染自身及周圍的人群，促進人際關係的逐步親近平和。知足常樂，對事，坦然面對，欣然接受；對情，琴瑟和鳴，相濡以沫；對物，能透過下里巴人的作品，品出陽春白雪的高雅。做到知足常樂，待人處世中便充滿和諧、平靜、適意、真誠，這是一種人生底色。當我們都在忙於追求、打拚而找不到方向的時候，知足常樂，這種在平凡中渲染的人生底色所孕育的寧

第一章　幸福不是去外面要，而是去內心找

靜與溫馨，對於風雨兼程的我們是一個避風的港口。休憩整理後，毅然前行，來源於自身平和的不竭動力。真正做到知足常樂，人生會多一些從容，多一些達觀。

古人的「布衣桑飯，可樂終身」，是一種知足常樂的典範。「寧靜致遠，淡泊明志」中蘊含著諸葛亮知足常樂的清高雅潔；「採菊東籬下，悠然見南山」中盡顯陶淵明知足常樂的悠然；沈復所言「老天待我至為厚矣」表達著知足常樂的真情實感。更多的時候，知足常樂融合在「平平淡淡才是真」的意境中。知足常樂，是一種人性的本真。孩童時代，我們會為擁有夢想得到的東西而喜上眉梢、笑逐顏開，烙下一串串深刻的記憶，今日重溫，也許會忍俊不禁。無論行至何方、所處何位，知足常樂永遠都是情真意切的延續。

所謂「人心不足蛇吞象」，人的欲望就如同宇宙中的黑洞一般，是無法去填滿的，如果任其膨脹，必將後患無窮。做人就應該知足而常樂。

清理內心多餘的煩惱

陽春三月，弟子們坐在禪師周圍，等待著師父告訴他們人生和宇宙的奧祕。

禪師一直默默無語，閉著眼睛。突然他向弟子問道：「怎麼才能除掉曠野的野草？」弟子們目瞪口呆，沒想到禪師會問這麼簡單的問題。

一個弟子說：「用鏟子把雜草全部剷掉！」禪師聽完微笑地點頭。

另一個弟子說：「可以一把火將草燒掉！」禪師依然微笑。

第三個弟子說：「把石灰撒在草上就能除掉雜草！」禪師臉上還是那樣的微笑。

第四個弟子說：「他們的方法都不行，那樣不能除根，斬草就要除根，必須把草根挖出來。」

弟子們講完後，禪師說：「你們講得都很好，從明天起，你們把這塊草地分成幾塊，按照自己的方法除去地上的雜草，明年的這個時候我們再到這個地方相聚！」

第二年的這個時候，弟子們早早就來到了這裡。原來雜草叢生的地已經不見了，取而代之的是碩果纍纍的莊稼。弟子們在過去的一年時間裡用盡了各種方法都不能除去雜草，

第一章　幸福不是去外面要，而是去內心找

只有在雜草地裡種莊稼這種方法獲得了成功。他們圍著莊稼地坐下，莊稼已經成熟了，可是禪師卻已經仙逝了，那是禪師為他們上的最後一堂課，弟子們無不流下了感激的淚水。

禪師用這個問題向弟子證明，要想去除雜草，就要在雜草生長的地方種上莊稼。而這個簡單的道理讓這些弟子明白：當自己的心靈上長滿莊稼時，就不會有雜草。

每每忙碌一天靜下心來，晚上開燈，照著鏡子，對著自己的心靈的時候，我們常常會突然覺得自己很空虛，很寂寞，不知道自己每天的爭名奪利是為了什麼，究竟得到了什麼，又真正失去了什麼，心靈充滿了從來沒有的迷惑、不解。為了更幸福，我真的幸福了嗎？沒有幸福，為什麼我還要繼續這樣的生活？什麼樣的我才會快樂？我愛過別人嗎？我得到過愛嗎？我需要愛嗎？似乎這些很簡單的問題都讓我們無法回答自己，我們的整顆心是空的，或許就像禪師說的那樣已經荒草叢生了，而此時的我們卻往往在一覺醒來之後又將它忘得一乾二淨，又繼續著我們不知道為什麼的爭名奪利，從來沒有為自己解答這些疑問。於是這些問題就像荒草一樣，越長越高，直到長滿了內心；於是我們沒有了自己，空虛至極。

有些人有時候會覺得寂寞，空虛，會覺得生活無聊，沒

清理內心多餘的煩惱

有意義，於是整天在肥皂劇裡消磨時間，因為實在不知道要做什麼。

心靈的荒蕪可以讓一個人的意志變得不堪一擊，因為沒有真正可以讓心靈得到支撐的東西，比如愛，比如真理。人的心靈就如同一片荒地，只有種上了莊稼才會有豐碩的收穫。修養好自己的心靈，時時替心靈的庭園澆水施肥，讓你的人生在任何風暴挫折之下，都能展示美麗的風景。

當你為心靈播下了那些善良、智慧、愛的種子，這些種子在心裡生根發芽，總有一天你也會收穫同樣的果實的，而將心靈荒蕪，讓雜草占據，最終將會荒廢了光陰。

第一章　幸福不是去外面要，而是去內心找

你愛慕虛榮的樣子，真的不好看

每個人都有愛美之心和榮譽感，但這一旦超過了一定的程度，就變成了虛榮心。女性同男性相比，內心更加感性些，更加看重表象化的東西，所以虛榮心幾乎成了女性的「專利」，很多女性都有虛榮心，直接影響到了女性的生活幸福和工作成就。

虛榮心表現在行為上，主要是愛慕虛榮，盲目比較，好大喜功，過分看重別人的評價，表現欲太強，有強烈的嫉妒心。有一些虛榮的女人為了得到金錢名利而出賣自己的人格尊嚴；為了得到美貌而不惜花重金，傷害自己的健康去整形、美容。不管最終目的能否實現，虛榮的女人往往是悲哀的。

虛榮心強的女性，在追求事業的發展時，不是把精力放在刻苦學習、提升能力、踏踏實實做出成績上，而是放在做表面文章、弄虛作假、譁眾取寵以贏得主管的表揚上，結果事與願違，害了自己，害了事業。

虛榮心往往使女性失去清醒的頭腦，迷失方向，在戀愛和選擇配偶時，更加看重容貌、物質條件等外在因素，雖然風光一時，滿足了自己的虛榮心，但由於對方的人品、修

養、才華、脾氣、性格等方面的欠缺，共同生活之後，才發現丈夫自私自利、缺乏責任心、修養較差、脾氣暴躁等，如此一來，痛苦的只是女人自己，只好嘆息、後悔不已！

著名小說家莫泊桑（Maupassant）在他的短篇名作《項鍊》（*La Parure*）中寫了一個因為貪慕虛榮而招禍的典型。

漂亮迷人的女子瑪蒂爾德由於出身低微而嫁給了一個小職員，十分難得的一個機會使她有幸參加了上流社會的一次舞會。為了展示自己的漂亮迷人，她借了女友的一串鑽石項鍊，從而在舞會上獲得了驚人的成功。她的漂亮迷人令舞會上所有的男子注目，並超過了所有在場的貴婦。

但不幸的是她在回家途中丟失了那條項鍊，於是只好借債購買同樣的項鍊賠償女友。夫妻二人縮衣節食苦賺了十年才還清欠債。當她被生活的風霜剝蝕殆盡變得十分蒼老時，碰到借給她項鍊的女友，人家依然那麼年輕漂亮；在交談中女友告訴她，借給她的鑽石項鍊原本是一串贗品。

瑪蒂爾德為了滿足一時的虛榮借了別人的項鍊而弄丟了，為此她花十年把青春都提前消耗掉了。後來卻過著一種可悲的生活，「她變成了貧窮家庭裡的敢作敢當的婦人，又堅強，又粗暴。頭髮從來不梳，裙子歪繫著，兩手通紅，說話大嗓門，大盆水洗地板。」虛榮讓她付出了極大的代價。

現實生活中不乏虛榮心強的女性，她們看到別人買了新

第一章　幸福不是去外面要，而是去內心找

衣服，就盲目地「跟進」，不管自己需不需要，適不適合自己，都要急於買套新衣服，並且還要買比別人更貴的；看到別的女性去做美容，也不考慮自己的實際情況，就跟著去做美容；看到別人為孩子買了鋼琴，也不管自家的孩子是否需要，就盲目地買來鋼琴，哪怕是閒置不用，心理也就平衡了，等等。凡事都想與別的人爭個「面子」的女人，結果不但「面子」爭不回來，而且還浪費了大量錢財，影響了自己的生活。

女人生來喜歡美麗的東西，對美麗的東西戀戀不捨。如果虛榮心超出了自己的經濟範圍就會帶來反作用，虛榮心過盛，危害女人及其家庭。有的女性為了買件漂亮的裙子，為了脖子上能掛上閃亮亮的鏈子，甘願空著肚子；為了擁有上等樓房，為了擁有時髦的小車，為了不讓同學小看，把老公逼得腰都直不起來！

因此，現代女性要樹立正確的人生觀、價值觀，淡泊名利，淨化心志，保持平常心。通透的女人不是沒有虛榮心，而是能在出現虛榮的心理時，提醒自己要加以克制，她們內心強大，禁得住誘惑，灑脫淡然，不盲目比較，不嫉妒別人，過自己的日子，享受自己的生活。

生活以苦痛我，我卻報之以快樂

圓滿的人生並不是一輩子沒有吃過苦、沒有失過戀，而是經歷過、體驗過、面對過那苦的滋味，超越那苦的感覺。

苦為樂、樂為苦，苦與樂的感受全在於一心。達摩面壁，凡人皆稱其為苦修。有誰知道菩提達摩在靜修中心歸空靈、慧及宇宙，體膚之苦盡皆化為心靈的極樂，並無半點苦楚可言。

佛說：離苦得樂，苦與樂乃是生命的盛宴。佛還說：涅槃寂靜。活在世間的眾生，總是感慨苦多於樂，要離苦才能得樂。因此，佛學是離苦得樂的哲學。只有深刻體驗苦，才能透澈體會樂！

有這樣一個關於「苦」的古老的故事：

有一群弟子要出去朝聖。師父拿出一個苦瓜，對弟子們說：「隨身帶著這個苦瓜，記得把它浸泡在每一條你們經過的聖河，並且把它帶進你們所朝拜的聖殿，放在聖桌上供養並朝拜它。」

弟子們朝聖走過許多聖河與聖殿，並依照師父的教誨去做。回來以後，他們把苦瓜交給師父，師父叫他們把苦瓜煮

第一章　幸福不是去外面要，而是去內心找

熟，當作晚餐。晚餐的時候，師父吃了一口，然後語重心長地說：「奇怪呀！泡過這麼多聖水，進過這麼多聖殿，這苦瓜竟然沒有變甜。」弟子聽了，好幾位立刻開悟了。

這真是一個動人的教化，苦瓜的本質是苦的，不會因聖水聖殿而改變；人生是苦的，修行是苦的，由情愛產生的生命本質也是苦的，這一點即使是聖人也不可能改變，何況是凡夫俗子！但是世間許多有非凡成就的人並不害怕困苦，他們往往以自己的智慧和心胸化苦為樂，讓自己的人生變得更從容、更成功。世界文豪巴爾札克（Balzac）就是一個善於以苦為樂的人。

巴爾札克是法國現實主義作家的代表，一生共完成了九十部長篇小說，平均每天工作十二小時以上。每天深夜十二點時，僕人就會叫醒他，他穿上白色修道服，立刻奮筆疾書。他一般會連續寫五六個鐘頭，直到累到極點才會離桌休息。

巴爾札克是舉世公認的觀察和剖析人性的高手，但在現實生活裡，他卻不太精明。在年輕時，他曾經商失敗，欠下了六萬法郎的債務。等他成名後，儘管收入不菲，但由於奢侈浪費，最後弄得入不敷出。在他入不敷出的日子裡，還發生了一樁趣事。

有一天晚上巴爾札克醒來，發覺有個小偷正在翻他的抽屜，他不禁哈哈大笑。

生活以苦痛我，我卻報之以快樂

小偷問道：「你笑什麼？」

巴爾札克說：「真好笑，我在白天翻了好久，連一毛錢也找不到，你在黑夜裡還能找到什麼呢？」

小偷自討沒趣，轉身就要走。巴爾札克笑著說：「請你順手把門關好。」

小偷說：「你家徒四壁，關門做什麼啊？」

巴爾札克幽默地說：「它不是用來防盜，而是用來擋風的。」

巴爾札克曾自詡要超過拿破崙（Napoleon），「他的劍做不到的，我的筆能完成」。他的確做到了，雖然他只活了五十歲，卻留下許多偉大的作品，為全人類提供了巨大的精神財富。

在平常人的眼中，出家人的生活很清苦，但對於真正的出家人而言，他們並不會認為苦，而是把苦當成樂，並且從中獲得真正的快樂。其實，獲得快樂的真正的方法並不是去逃避痛苦，而是化苦為樂。

苦與樂並非是相互對立的，而是和諧統一的，相輔相成、相互轉化的。正如哈密瓜比蜜還要甜，人們吃在嘴裡樂在心上；而葫蘆巴比難吃的中藥還要苦。然而，種瓜的老人卻告訴我們：哈密瓜在插秧前，先要在地底下埋上半兩葫蘆巴，瓜秧才能茁壯成長，結出蜜一樣的果實來。

第一章　幸福不是去外面要，而是去內心找

　　對於人生來說，悲苦從來都是無法逃避的。多苦少樂是人生的必然。因此，女人要懂得幽默的智慧，享受苦中作樂的那份智者的坦然，以及化苦為樂的那份佛家的超然。

　　當你活在當下，而沒有過去拖在你後面，也沒有未來拉著你往前時，你全部的能量都集中在這一時刻，生命因此具有一種強烈的張力。然而大多數的人都無法專注於「現在」，他們總是想著明天、明年，甚至下半輩子的事，時時刻刻都將力氣耗費在未知的未來，卻對眼前的一切視若無睹，便永遠也不會得到快樂。當你存心去找快樂的時候，往往找不到，唯有讓自己活在「現在」，全神貫注於周圍的事物，快樂才會不請自來。

且行且珍惜

佛說，前世五百次的回眸才換來了今生的一次擦肩而過。看來再平常不過的相遇和周圍的事物其實都是由於太多的因才結出了今天這難得的果。

「十年修得同船渡，百年修得共枕眠。」這唯美的文字告訴世人應該要懂得珍惜，不僅僅是珍惜自身，更要去珍惜他人，珍惜身邊的每一件東西、每一件事物；即使它現今已變得殘舊或者失去了價值，依然不要隨便丟棄它，因為總有一天，它會被人利用。

一個人越是懂得去珍惜那些常人看來不值得珍惜的東西，越是能夠珍惜自己、珍惜人生。只有真正懂得珍惜的人才會獲得真正的幸福。

傳說中有一個人，他生前善良且熱心助人，所以死後升上天堂，做了天使。

他當了天使後，仍時常到凡間幫助人，希望感受到快樂的味道。

一天，天使遇見一個農夫，農夫非常煩惱，他向天使訴說：「我家的水牛剛死了，沒牠幫忙犁田，我怎麼下田忙活

第一章　幸福不是去外面要，而是去內心找

呢？」於是天使賜他一頭健壯的水牛，農夫很高興，天使也在他身上感受到了快樂。

又過了一天，天使遇見一個男子，男子非常沮喪，他向天使訴說：「我的錢被騙光了，沒法回鄉。」於是天使給他銀兩當路費，男子很高興，天使同樣在他身上感受到了快樂。

最後，天使遇見了一個詩人，詩人年輕、英俊、有才華且富有，妻子貌美而溫柔，但他卻過得不快樂。

天使問他：「你不快樂嗎？我能幫你嗎？」

詩人對天使說：「我什麼都有，只欠一樣東西，你能夠給我嗎？」

天使回答說：「你要什麼我都可以給你。」

詩人充滿希望地望著天使：「我要的是快樂。」

這下難倒了天使，天使想了想，說：「我明白了。」然後把詩人所擁有的都拿走了。天使拿走詩人的才華，毀去他的容貌，奪去他的財產和他妻子的性命。天使做完這些事後，便離去了。

一個月後，天使再回到詩人的身邊，那時他已餓得半死，衣衫襤褸，躺在地上掙扎。於是，天使把他的一切又還給他，然後離去了。

半個月後，天使再去看詩人。這次，詩人摟著妻子，不停地向天使道謝，因為他得到快樂了。

且行且珍惜

在生活的某段時期，你的心也許會被各式各樣的壞情緒包圍：我們常常抱怨孩子們不聽話，抱怨父母不理解，抱怨戀人不夠體貼；主管埋怨下級工作不得力，下級埋怨上級太苛刻，不能發揮自己的才能。總之，周圍的一切都讓你覺得不堪忍受。這是因為此時你只是在意自己沒有得到什麼好處，卻不曾想別人付出了多少。如果一個人無法承受世間的考驗，感受這個世界的美好，心胸只容得下私利，那他就得不到幸福。

生活，要你學會感激，感激是一劑讓你心情轉好的良藥。很多時候，它會帶來一種良好的人生感覺，使我們感到愉悅和溫暖。心存感激，生活中才會少些怨氣和煩惱；心存感激，心靈才會獲得寧靜和安詳。心存感激地生活，才會敬畏地球上所有的生命，珍愛大自然一切的惠賜；心存感激地生活，才會時時感受生活中的「擁有」，而不是「缺少」。

只有惜福，我們才能懂得尊重每一件事物，尊重每一朵花的恣意開放，尊重每一個生命的獨立與自由。只有惜福，才能懂得人與物、人與人，都是在一個特定的時空裡相遇，一切皆是緣，惜緣就是惜福。

人生欲壑難填，惜福讓我們懂得勤儉節約，更加珍惜當下擁有的。少一些比較，就不會放縱自己的欲望，學會知足常樂，讓心靈保持一種從容而優裕的境界。用感恩的心去感

第一章　幸福不是去外面要，而是去內心找

受富足，包容一切，感激一切，所以幸福卻不忘艱苦奮鬥，勤儉節約。幸福來之不易，又可能十分短暫，明白這個道理，就會格外珍惜幸福。有福分固然重要，但不知愛惜，終是竹籃打水一場空。因此，要時時牢記惜福。

你要的是幸福，還是別人眼裡的幸福

　　童話裡的紅舞鞋，漂亮、妖豔而充滿誘惑，一旦穿上，便再也脫不下來。我們瘋狂地轉動舞步，一刻也停不下來，儘管內心充滿疲憊和厭倦，臉上還得掛出幸福的微笑。當我們在眾人的喝采聲中終於以一個優美的姿勢為人生畫上句號時，才發覺這一路的風光和掌聲，帶來的竟然只是說不出的空虛和疲憊。

　　人生來時雙手空空，卻要雙拳緊握；而等到人死去時，卻要雙手攤開，無法帶走財富和名聲。明白了這個道理，人就會對許多東西看淡。幸福的生活完全取決於內心的簡約，而不在於你擁有多少外在的財富。

　　十八世紀，法國有個哲學家叫德尼・狄德羅（Denis Diderot）。有一天，朋友送他一件質地精良、做工考究、圖案高雅的酒紅色睡袍，狄德羅非常喜歡。可他穿著華貴的睡袍在家裡踱來踱去，越踱越覺得家具不是破舊不堪，就是風格不對，地毯的針腳也粗得嚇人。慢慢地，舊物件一個個更新，書房終於跟上了睡袍的等級。狄德羅穿著睡袍坐在帝王氣十足的書房裡，可他卻覺得很不舒服，因為他發現「自己居然被一件睡袍脅迫了」。

第一章　幸福不是去外面要，而是去內心找

狄德羅被一件睡袍脅迫了，生活中的大多數人則是被過多的物質和外在的成功脅迫。很多情況下，我們受內心深處支配欲和征服欲的驅使，自尊和虛榮不斷膨脹，著了魔一般去與別人比較，誰買了一雙名牌皮鞋，誰添置了一套上等音響，誰交了一位漂亮女友，這些都會觸動我們敏感的神經。一番折騰下來，儘管錢賺了不少，也終於博得「別人」羨慕的眼光，但除了在公開場合擁有一點點流光溢彩的光鮮和熱鬧以外，我們過得其實並沒有別人想像得那麼好。

男人愛車，女人愛別人說自己的好。女人們常常期盼自己能夠過上那種光鮮亮麗的生活而以此讓別人羨慕。一定意義上來說，人都是愛慕虛榮的，不管自己究竟幸福不幸福，常常為了讓別人覺得自己很幸福而偽裝。人往往忽視了自己內心真正想要的是什麼，而被外在的事物所左右。你的生活實際上與他人無關，不論你幸福與否都與他人無關，而一旦你將自己的幸福建立在與別人比較的基礎之上，或者建立在別人的眼光之中，那麼你就很難感受到幸福。幸福不是別人說出來的，而是自己感受的，人活著不是為別人，更多的是為自己。

有這樣一個故事：

一名男子的老婆看到鄰居小馬家賣了舊房子在市區買了新房，就眼紅了，也非要在市區選房子，並且偏偏要和小馬

住同一棟樓,而且一定要選比小馬家房子大的那套。當別人問起的時候,她會很自豪地說:「不大,五十多坪,只比304室小馬家大那麼一點!」氣得小馬老婆臉色鐵青。過了幾天,小馬的老婆開始逼小馬和她一起減肥,說是減肥之後,他們家的房子實際面積一定不會比較小。於是,這名男子又開始擔心自己的老婆知道後會不會也讓他一起減肥了。

這個故事看起來雖然很好笑,但是卻時常在我們的生活中發生。人將自己的生活沉浸在了一個不斷與人比較的困境中,被生活之外的東西所左右,豈不是很可悲?

一個人活在別人的標準和眼光之中是一種痛苦,更是一種悲哀。人生本就短暫,真正屬於自己的快樂更是不多,為什麼不能為了自己而真實地活一次?為什麼不能讓自己脫離,而總是參照別人的評價過生活?

當我們把追求外在的成功或者「過得比別人好」作為人生的終極目標的時候,就會陷入物質欲望為我們設下的圈套。我們在圈套中越陷越深,越活越累,最終竟丟失了快樂和自我,空留疲憊與遺憾。

■ 第一章　幸福不是去外面要，而是去內心找

第二章

我不懼怕成為這樣「強硬」的女人

第二章　我不懼怕成為這樣「強硬」的女人

扛住一切挫折，奔你的前程

人生之路，一帆風順者少，曲折坎坷者多，成功是由無數次的挫折堆積而成的。但挫折和失敗對人畢竟是一種「負面刺激」，總會使人不愉快、沮喪、自卑，因此，如何面對挫折、如何自我解脫就成為戰勝脆弱、走向成功的關鍵。

正如羅曼‧羅蘭（Romain Rolland）所說：「痛苦是一把犁，它一面犁破了你的心，一面掘開了生命的新起源。」不知苦痛，怎能體會到快樂？痛苦就像一枚青青的橄欖，品嚐後才知其甘甜，但品嚐需要勇氣。

一個屢屢失意的年輕人千里迢迢來到寺廟，慕名尋到老僧釋圓，沮喪地對釋圓說：「像我這樣屢屢失意的人，活著也是苟且，有什麼用呢？」

釋圓靜靜地聽著年輕人嘆息和絮叨，什麼也不說，只是吩咐小和尚：「施主遠道而來，燒一壺溫水送過來。」

少頃，小和尚送來一壺溫水，釋圓抓了一把茶葉放進杯子裡，然後用溫水沏了，放在年輕人面前的茶几上，微微一笑說：「施主，請用茶！」

年輕人俯身看看杯子，只見杯子裡微微地飄出幾縷水

氣,那些茶葉靜靜地浮著。年輕人不解地詢問釋圓:「貴寺怎麼用溫水沖茶?」

釋圓微笑不語,只是示意年輕人說:「施主,請用茶吧。」年輕人只好端著杯子,輕輕呷了兩口。

釋圓說:「請問施主,這茶可香?」

年輕人搖搖頭說:「這是什麼茶?一點茶香也沒有呀。」

釋圓笑笑說:「這是福建的名茶鐵觀音啊,怎麼會沒有茶香?」

年輕人聽說是上乘的鐵觀音,又忙端起杯子呷兩口,再細細品味,還是放下杯子說:「真的沒有一絲茶香。」

老僧釋圓微微一笑,吩咐門外的小和尚:「再燒一壺沸水送過來。」

少頃,小和尚便提來一壺吱吱吐著濃濃白氣的沸水,釋圓起身,又沏了一杯茶。年輕人俯身去看杯子裡的茶,只見那些茶葉在杯子裡上上下下地沉浮,隨著茶葉的沉浮,一絲清香便從杯裡裊裊地逸出來。

嗅著那清清的茶香,年輕人禁不住去端那杯子,釋圓忙微微一笑說:「施主稍候。」說著便提起水壺朝杯子裡又注了一縷沸水。年輕人見那些茶葉上上下下、沉沉浮浮得更厲害了,同時,一縷更醇更醉人的茶香裊裊地升騰,在禪房裡瀰漫。

釋圓如是注了五次水,杯子終於滿了,那綠綠的一杯茶

第二章　我不懼怕成為這樣「強硬」的女人

水，沁得滿屋津津生香。釋圓笑著問道：「施主可知道同樣是鐵觀音，為什麼茶味迥異嗎？」

年輕人思忖了一下說：「一杯用溫水沖沏，一杯用沸水沖沏，用水不同吧。」

釋圓笑笑說：「用水不同，則茶葉的沉浮就不同。用溫水沏的茶，茶葉就輕輕地浮在水之上，沒有沉浮，茶葉怎麼會散逸它的清香呢？而用沸水沖沏的茶，沖沏了一次又一次，浮了又沉，沉了又浮，沉沉浮浮，茶葉就釋出了它春雨般的清幽，夏陽似的熾烈，秋風似的醇厚，冬霜似的清冽。世間芸芸眾生，又何嘗不是茶呢？那些不經風雨的人，平平靜靜地生活，就像溫水沏的淡茶平靜地懸浮著，瀰漫不出其生命和智慧的清香。而那些櫛風沐雨、飽經滄桑的人，坎坷和不幸一次又一次襲擊他們；他們就像被沸水沏了一次又一次的茶，在風風雨雨的歲月中沉沉浮浮，溢位了他們生命的一縷縷清香。」

因此，我們應該具有迎接挫折的心理準備。世界充滿了成功的機遇，也充滿了失敗的可能。所以要不斷提高自我應付挫折與干擾的能力，調整自己，增強社會適應力，堅信失敗乃成功之母。若每次失敗之後都能有所「領悟」，把每一次失敗當作成功的前奏，那麼就能變負面為正面。

掙扎、挫折、磨練，這些都是人成長必經的過程，欲速則不達。

人生必須背負重擔一步一步慢慢地走,穩穩地走,這樣總有一天,你會發現自己是那個走得最遠的人。

■ 第二章　我不懼怕成為這樣「強硬」的女人

在苦難中微笑

　　人們都希望自己的生活一帆風順，但命運總是不經意間跟你開些玩笑，厄運也可能會不期而至。種種的意外，也許會讓我們的人生造成巨大的傷痛。但無論你如何傷悲，事情既然無法逆轉，與其在悲傷中沉淪，不如接受現實。當生活不允許你繼續流淚時，你就要學會笑出聲來。

　　在美國愛荷華州的一座山丘上，有一座不含任何合成材料、完全用自然物質搭建而成的房子。住在裡面的人需要依靠人工灌注的氧氣生存，並只能以傳真的形式與外界聯繫。

　　這個房子的主人叫辛蒂。一九八五年，辛蒂還在大學念書。有一次，她到山上散步，帶回了一些蚜蟲。回來後，她拿起殺蟲劑滅蚜蟲，就在這時，她突然感覺到一陣痙攣。她原以為那只是暫時性的症狀，卻沒有料到自己的後半生從此變得悲慘至極。

　　原來，這種殺蟲劑內所含的一種化學物質，使辛蒂的免疫系統遭到破壞，使她對香水、洗髮精以及日常生活中可接觸的所有化學物質一律過敏，甚至連空氣也可能使她的支氣管發炎。這種「多重化學物質過敏症」是一種奇怪的慢性病，到目前為止仍無藥可醫。

在苦難中微笑

患病的前幾年，辛蒂一直流口水，尿液變成綠色，有毒的汗水刺激背部形成一塊塊疤痕；她甚至不能睡在經過防火處理的床墊上，否則就會引發心悸和四肢抽搐——辛蒂所承受的痛苦是令人難以想像的。一九八九年，她的丈夫吉姆用鋼和玻璃為她蓋了一所無毒房間，一個足以逃避所有威脅的「世外桃源」。辛蒂所有吃的、喝的都得經過選擇與處理，她平時只能喝蒸餾水，食物中不能含有任何化學成分。

多年來，辛蒂沒有見過一棵花草，聽不見一聲悠揚的歌聲，陽光、流水、清風等正常人毫不費力就可以擁有的生活的美好，她無法享有。她躲在沒有任何飾物的小屋裡，飽嘗孤獨之苦。更可悲的是，無論怎樣難受，她都不能哭泣，因為她的眼淚跟汗液一樣也是有毒的物質。

堅強的辛蒂並沒有在痛苦中自暴自棄，她一直在為自己，同時更為所有化學污染物的犧牲者爭取權益。辛蒂在生病後的第二年，就熱情十足地創立了「環境接觸研究網」，以便為那些致力於此類病症研究的人士提供一個視窗。一九九四年，辛蒂又與另一組織合作，建立了「化學物質傷害資訊網」，保證人們免受威脅。目前這一資訊網已有五千多名來自三十二個國家的會員，不僅發行了刊物，還得到美國上議院、歐盟及聯合國的大力支持。

在最初的一段時間裡，辛蒂每天都沉浸在痛苦之中，想哭卻不能哭。隨著時間的推移，她漸漸改變了生活的態度，她說：「在這寂靜的世界裡，我感到很充實。因為我不能流淚，所以我選擇了微笑。」

第二章　我不懼怕成為這樣「強硬」的女人

　　當災難來臨，人可以努力迴避；如果迴避不了，可以抗爭；如果抗爭不了，就得承受；要是承受不了，就哭泣流淚；如果連流淚也不行，就只有一種選擇──絕望和放棄。這是人們對待人生的一種普遍方式。而絕望和放棄，意味著對生命權利的捨棄。可辛蒂不同，當她無法流淚時，她選擇了微笑。因為，她知道每一個生命都有自己的價值，因此在絕境中，她仍然能看到自己的價值所在。

　　當你陷於痛苦之中時，試著笑一下，至少能為生命減少一份沉重和悲壯，平添一份勇氣和輕鬆。當你學會在苦難中微笑的時候，你已經不同凡響。

孤獨一定會有，但請不要封閉自己

人生在世，都有不願意被打擾的時候，但是這種不願意被打擾的狀態持續的時間過長，或者侵入到生活的各個方面，就會使自己身心俱疲，處在一個自我幻想的世界裡。

有位孤獨者神情萎靡地倚靠著一棵樹晒太陽。一位智者從此經過，好奇地問道：「年輕人，如此好的天氣，你不去做你該做的事，豈不辜負了大好時光？」

「唉！」孤獨者嘆了一口氣說，「在這個世界上，我一無所有。我又何必去費心費力地做什麼事呢？」

「你沒有家？」

「沒有。與其承擔家庭的負累，不如乾脆沒有。」

「你沒有愛人？」

「沒有。與其愛過之後便是恨，不如乾脆不去愛。」

「沒有朋友？」

「沒有。與其得到還會失去，不如乾脆沒有朋友。」

「你不想去賺錢？」

「千金得來還復去，何必勞心費神動軀體？」

「噢！看來你需要這個。」智者說著拿出一根繩子。

第二章　我不懼怕成為這樣「強硬」的女人

「我要繩子幹嘛？」

「自縊啊！」

「自縊？你叫我死？」孤獨者驚詫了。

「對。人有生就有死，與其生了還會死去，不如乾脆就不出生。你的存在，本身就是多餘的，自縊而死，不是正合你的邏輯嗎？」

孤獨者無言以對。

有時候人會像這位孤獨者一樣陷入自我遐想之中，不願意與外界交流，不願意搭理別人，只是不斷地進行自我的想像。

有人曾說：「把自己封閉起來，風雨是躲過去了，但陽光也照射不進來。」自我封閉的人是將自己鎖進了墳墓，而能成為掘墓人的，卻只有自己。開啟心靈，才能容納大海，告別自閉，才能沐浴陽光。

面對著逐步發達的現代社會，生活也更加豐富多彩，人的孤獨之感也與之成為正比。一位國中生說，即使是在擁擠的教室、熱鬧的街頭和同學的生日聚會上，都能感受到難以排遣的孤獨感。孤獨是一種思想上、情感上無法溝通、無倚無傍、無人理解與認同的感覺。

生活中人們更多地注意別人的評價，甚至別人的目光，覺得生活如此之累，於是乾脆拒絕與人來往，以此逃避現實。而很多時候，卻發現自己更需要朋友。

孤獨一定會有，但請不要封閉自己

　　一個富翁和一個書生打賭，讓這位書生單獨在一間小房子裡讀書，每天有人從高高的窗戶往裡面遞一回飯。假如能堅持十年的話，這位富翁將滿足書生所有的要求。

　　於是，這位書生開始了一個人在小房子裡的讀書生涯。他與世隔絕，終日只有伸伸懶腰，沉思默想一會。他聽不到大自然的天籟之聲，見不到朋友，也沒有敵人，他的朋友和敵人就是他自己。

　　很快，這位書生就自動放棄了這一搏。因為書生在苦讀和靜思中終於大徹大悟：十年後，即便大富大貴又能怎樣？

　　每個人活在世上都有追求，並且希望達到完善，這本是一種天性。但人性的歷程始終是得失相隨，難有十全十美的時候，我們每個人也應該有一定的心理承受能力。當遇到挫折或打擊後，努力地將緊張或焦慮心態轉移或發洩出來，防止其持續作用而損害健康。如果人們面對挫折和打擊，將自己「封閉」起來，甚至消極悲觀，獨居一隅，這樣發展下去，就會陷入「自閉」的心理狀態不能自拔。

　　暫時的自閉孤獨有時也是一種休息、放鬆及宣洩。但假如長時間陷入其中，必然會使心靈失衡，易走極端。長期的封閉會阻隔個人與社會的正常交往。處在封閉環境之中的人，導致精神的萎靡，思維的僵滯，它使人認知狹窄，情感淡漠，人格扭曲……

■ 第二章　我不懼怕成為這樣「強硬」的女人

　　自閉是心靈的一劑毒藥，是對自己融入群體的所有機會的封殺，自閉不僅毀掉自己的一生，也會讓周圍的朋友、親人一起憂傷。當陽光照進來的時候，何不開啟自閉的心靈，讓它盡情地接受陽光的普照。

　　人生無常，無論你遭受了什麼，無論你遇到了什麼，千萬不要封閉自己，記得要開啟窗，開啟心扉，做一個心境敞亮、陽光樂觀的人。如此，你就能看見世界的美麗，感受到生命的力量，也就懂得了「有陽光的心靈和生命才是最美的風景」。

把苦難當營養吸收，悟出奮鬥的意義

在人生歷程中，只有具備對風吹雨打的抵抗力，才能站穩腳跟。正如山崖上的松柏，經過無數暴風雪的洗禮，終於長成像鐵一樣堅固的樹幹。而在佛教看來，磨難是人走向佛境的必經之旅，只有能夠忍受磨難之人，才能成為「金剛不壞」之佛，也就是生活中的強者和成功者。一個人若不敢向命運挑戰，不敢開創自己的藍天，命運給予他的將僅僅是一個枯井般的地盤，舉目所見將只是蛛網和塵埃，充耳所聞的也只是唧唧蟲鳴，等待他的也只有絕望和失敗。

鑑真大師剃度一年多以後，寺裡的住持還是讓他做行腳僧，每天風裡來雨裡去，辛辛苦苦地外出化緣。

有一天，已日上三竿，鑑真依舊大睡不起。住持很奇怪，推開鑑真的房門，只見床邊堆了一大堆破破爛爛的鞋，就問他：「你今天不外出化緣，堆這麼一堆破鞋做什麼？」

鑑真懶洋洋地說：「別人一年連一雙鞋都穿不壞，我剛剃度一年多，就穿爛了這麼多雙鞋。」

住持一聽就明白了他的弦外之音，微微一笑說：「昨天夜裡下了一場透雨，你隨我到寺前的路上看看吧。」

第二章　我不懼怕成為這樣「強硬」的女人

寺前是一塊黃土地，由於剛下了一場雨，路面泥濘不堪。

住持拍著鑑真的肩膀問：「你是願意做個天天撞鐘的和尚，還是願意做個能發揚佛法的名僧？」

鑑真答道：「我當然想做個名僧了。」

住持接著說：「你昨天是否在這條路上走過？」

鑑真回答：「當然。」住持接著問：「你能找到自己的腳印嗎？」

鑑真十分不解地說：「昨天這路上又乾又硬，哪能找到自己的腳印？」

住持沒有再說話，邁步走進了泥濘裡。走了十幾步後，住持停下腳步說：「今天我在這路上走了一趟，能找到我的腳印嗎？」

鑑真答道：「那當然能了。」

住持聽後拍拍鑑真的肩膀說：「泥濘的路上才能留下腳印，世上芸芸眾生莫不如此啊，那些一生不經歷風風雨雨、碌碌無為的人，就像一雙腳踩在又乾又硬的路上，什麼足跡也沒留下。」

鑑真頓時恍然大悟：泥濘留痕。

苦難是煉獄，我們要勇敢地面對苦難，在苦難的磨礪中不斷地成就自己，而不是將苦難看作人生不可踰越的鴻溝。為什麼在各種災難之中會有人奇蹟般地活下來？不僅僅是因

為他們比別人更幸運一些,更是因為他們有著別人沒有的意志力,他們相信自己可以挺過去,於是咬緊牙,最終渡過了難關。

人的一生是一場旅行,沿途有無數的坎坷和泥濘,但也有看不完的春花秋月。如果我們的眼睛總是被灰色所矇蔽,心靈總是被灰暗的風塵所覆蓋,乾涸了心泉、黯淡了目光、失去了生機、喪失了鬥志,我們的人生軌跡怎能美好?世界的顏色由我們自己決定,智慧之人會擦亮自己的眼睛,當我們的心境修練得像那位住持一樣風雨無驚時,便能領略人生路上的亮麗風景。

■ 第二章　我不懼怕成為這樣「強硬」的女人

你的堅持，終將美好

　　笑到最後才能笑得最好，但不少人卻往往在半途中失去微笑。學業上，因為沒有成功考上研究所，全盤否定自己；工作上，在新鮮過後，每天面對嚴厲的老闆和繁重的工作，漸漸失去對工作的熱情；生活上，想要減肥，想要健美，卻一次又一次藉口拖延；感情上，熱戀過後是無止境的瑣碎爭吵，維持一份愛情好難……

　　於是，不少人在最初的意氣風發中，漸漸走向生活的圍城，失去快樂的笑聲。一些女性做事都是半途而廢，總是不能堅持到最後。她們似乎有這樣的通病，就是憑一時衝動想做什麼，就急不可耐地立即去做，可還沒持續多久，興頭過了，就說什麼也不再做了。這是一個極其不好的毛病，它令人失去定性，凡事輕率魯莽，最後導致疲憊與倦怠。往往只有堅持到最後的人才能獲得勝利，所以做事切莫三分鐘熱度，而是需要持之以恆。因為勝利往往在那最黑暗的時刻降臨，回報也恰恰容易在你已經快絕望時給予，彩虹總會在風雨之後出現。

　　有位作家曾說過：「只要有一種信念，有所追求，就什麼

艱苦都能忍受，什麼環境也都能適應。」如果世界上只有一種人可以獲得成功，那一定是堅持到底，執著追求自己理想的人。

只有執著的人才能堅持追求自己的目標，才有一股勢不可當的銳氣，成功只會屬於執著追求的人。

成功的人往往是那些斷掉自己退路的人，他們別無選擇，只有執著一心地往前走。而走向平庸的人則往往是因為無法在繁重和瑣碎中繼續堅持，以致於「蜻蜓點水」，凡事都流於膚淺。

蘇‧葛拉芙頓（Sue Grafton）女士是美國著名的偵探小說作家，她講述了自己的成名之路。

「如果二十五年前就有人告訴你，你將得到你想得到的一切，但是你必須等到二十五年後，你那時做何感想？而眼前的路你該如何走下去？」

她於一九一五年底帶著成為一位名作家的夢想來到了紐約，但紐約給她的第一份「禮物」就是失敗。她寄出去的文章都被退回。但她沒有放棄，仍懷著夢想不停地寫作，走遍了紐約的大街小巷，奔波於各個雜誌社、出版社之間。當希望還很渺茫的時候，她沒有說「我放棄，算你贏了」，而是說，「很好，紐約，你可能打倒不少人，但是，絕不會是我，我會逼你放棄」。

第二章　我不懼怕成為這樣「強硬」的女人

　　她沒有像別人那樣，碰到一次退稿就放棄了，因為她決心要贏。四年之後，她終於有一篇文章刊登在週六的晚報上，之前該報已經退了她三十六次稿。

　　隨後，她得到的回報更是數不勝數，出版商開始絡繹不絕地出入她的大門。再後來拍電影的人發現了她，她的小說在改編後被搬上了螢幕。

　　生活中總有許多不如意的事情。沒有成功考上研究所，我們可以總結經驗與教訓，繼續努力；工作不如意，那只是我們走向成功的必經之路，繼續堅持，總會走出職場困境；想要美麗、想要氣質，這個過程並不痛苦，只要懷著美好的想像，就會在過程中體會到快樂；感情上的冰河期，其實是因為我們對彼此都開始有了了解，並且把全部赤誠展現給對方的一種磨合，夫妻吵架從來都是床頭吵床尾和，何況無傷大雅的小吵還是增進感情的良藥……

　　不必為一些小問題而苦惱，堅持用微笑面對，一切問題都不再是問題，你也終能笑到最後。

過去的經歷不是財富，對經歷的反思才是

人生周而復始，日子一天天繼續，但是許多事情卻在不斷地重複。學會了明瞭過去，才能預見未來，過去就是你的老師。人常言：「前事不忘，後事之師。」前面的成功與失敗，都能讓我們有所借鑑。

每個人對待自己經歷過的事情，不要輕易將其拋諸腦後，忘記過去意味著背叛，無視以前的經驗與教訓，必將在人生的道路上大費周折。

相傳，在一片深山密林中有一座「仙人居」位於山巔。一日，一位年輕人風塵僕僕，從很遠的地方來求見「仙人居」的聖人，想拜他為師，修得正果。年輕人進了深山，走啊走，走了很久，犯難了，路的前方有三條岔路通向不同的地方，年輕人不知道哪一條路通向山頂。

忽然，年輕人看見路旁一個老和尚在小憩，於是走上前去，輕聲喚醒老和尚，詢問通向山頂的路。老和尚睡眼矇矓地嘟噥了一句「左邊」，便又睡過去了。年輕人便從左邊那條小路往山頂走去。走了很久，路突然消失在一片樹林中，年

第二章　我不懼怕成為這樣「強硬」的女人

輕人只好原路返回。回到三岔路口，見老和尚還在睡覺，年輕人又上前問路，老和尚舒舒服服地伸了個懶腰，說了一句「左邊」，便又不理他了。年輕人正要辯駁，轉念一想，也許老和尚是從下山角度來講的「左邊」。於是，他又沿右邊那條路往山上走去。走了很久，眼前的路又消失了，只剩一片樹林，年輕人只好再次原路返回。

回到三岔路口，見老和尚又睡過去了，年輕人氣不打一處來，於是上前推了推老和尚，叫醒他，問道：「你一大把年紀了，何苦來騙我，左邊的路我走了，右邊的路我也走了，都不能通向山頂，到底哪條路可以去山頂？」老和尚笑瞇瞇地回答：「左邊的路不通，右邊的路不通，你說哪條路通呢？這麼簡單的問題還用問嗎？」年輕人這才明白過來，應該走中間那條路。但他想不明白老和尚為什麼總說「左邊」。帶著一肚子的疑惑，年輕人來到了「仙人居」。他虔誠地跪下磕頭，聖人正笑瞇瞇地看著他，原來聖人就是三岔路口的那位老和尚。

這個故事簡單卻內涵豐富，讓你獲得財富的是你的反省能力，而不是經歷本身。我們亦當以過去為鏡子，照出成敗得失，而後總結經驗教訓，避免在同一個地方栽跟頭。一個總傷害你的人整天讓你以淚洗面，你又何必和他繼續在一起？如果執迷不悟，注定還是要受傷害。在失敗之後總結教訓，才能不犯同樣的錯誤。

過去的經歷不是財富，對經歷的反思才是

　　人生如大海，微風襲來，捲起層層波浪。每一層浪就是一層坎坷，歷經層層的坎坷，人方能得到磨礪。在磨礪中當以舊事為鏡，照出成敗得失，才能越走越遠。

　　杜牧的〈阿房宮賦〉中說「秦人不暇自哀，而後人哀之；後人哀之而不鑑之，亦使後人復哀後人也」，這一句便道出了「前事不忘，後事之師」的道理。古人云：「以銅為鑑，可以正衣冠；以史為鑑，可以知興替；以人為鑑，可以明得失。」以史為鑑，可以找到行事的準繩，看到過去的得失，規劃未來的方向。

■ 第二章　我不懼怕成為這樣「強硬」的女人

願你承得下悲傷，也輸得出力量

任何一種心態都是每個人對生活的不同看法。在現實生活中，每個女人都可能遭受各種打擊和挫折：因為考試落榜而精神萎靡，因為失戀而憂傷，因為無法適應快節奏的工作而垂頭喪氣……這些心理多半是人們意志薄弱，心態不成熟的一種表現。而這些異常的、悲觀的心理往往導致痛苦的人生，往往影響你對世界的正確看法。

悲觀的女人實際上是以自己悲觀消極的想法看待客觀世界，在悲觀者心中，現實是或多或少被醜化了的。有些女人對未來和生活，往往持有一種悲觀的迷茫心理。對自己的過去，無論輝煌與否都一概加以否定，心裡充滿了自責與痛苦，口中有說不完的遺憾和悔恨。她們對未來缺乏信心，認為自己一無是處，什麼事都做不好，認知上否定自己的優勢與能力，無限放大自己的缺陷。她們經常失眠多夢，嗜睡懶動，或覺得自己比平時更敏感、更愛掉眼淚等，重者自我意志消沉，時常自怨自艾，或心境悲哀、待人冷漠。

放眼二十世紀的女作家，張愛玲的一生完整地詮釋了悲觀帶來的負面影響是多麼巨大。

張愛玲一生聚集了一大堆矛盾,她是一個善於將藝術生活化、生活藝術化的享樂主義者,又是一個對生活充滿悲劇感的人;她是名門之後,貴族小姐,卻宣稱自己是一個自食其力的小市民;她悲天憫人,時時洞見芸芸眾生「可笑」背後的「可憐」,但在實際生活中卻顯得冷漠寡情;她通達人情世故,但她自己無論是待人還是穿衣均是我行我素,獨來獨往。她在文章裡和讀者閒話家常,但生活中卻始終與他人保持著距離,不讓外人窺測她的內心;她在一九四〇年代的上海大紅大紫,然而幾十年後,她在美國又深居簡出,過著與世隔絕的生活。所以有人說:「只有張愛玲才可以同時承受燦爛奪目的喧鬧與極度的孤寂。」這種生活態度的確不是普通人能夠承受或者是理解的,但用現代心理學的眼光看,其實張愛玲的這種生活態度源於她始終抱著一種悲觀的心態活在人間,這種悲觀的心態讓她無法真正深入生活,因此她總在兩種生活狀態裡不停地左右徘徊。

張愛玲悲觀蒼涼的色調,深深地沉積在她的作品中,無處不在,產生了巨大而獨特的藝術魅力。但無論作家用怎樣流利俊俏的文字,寫出怎樣可笑或傳奇的故事,終不免露出悲音。那種滲透著個人身世之感的悲劇意識,使她能與時代生活中的悲劇氛圍相通,從而在更廣闊的歷史背景上臻於深廣。

第二章　我不懼怕成為這樣「強硬」的女人

張愛玲所擁有的深刻的悲劇意識，並沒有把她引向西方現代派文學那種對人生徹底絕望的境界。個人氣質和文化底蘊最終決定了她只能回到傳統文化的意境，且不免自傷自憐。因此在生活中，她時而沉浸在世俗的喧囂中，時而又沉浸在極度的寂寞中，最後孤獨終老。

張愛玲的悲劇人生讓我們看到了悲觀對一個人的殘害是多麼慘重，女人要追求幸福的生活，就要讓自己的心靈從悲觀的冰河裡泅渡出來。

我們不難發現那些生長在廢墟之下的植物，它們被壓在沉重的石頭磚瓦之下，一年又一年，幾乎已經喪失了生存的機會。但一旦它們見到陽光，就立刻恢復了勃勃生機，而且令人意外地綻開一朵朵美麗的鮮花。

其實，女人也是如此。一個女人，不管她遭受了多少苦難，一旦信念的陽光照耀在她的身上，她便能獲得至高無上的力量，這力量推動她去改變生活，擁抱幸福燦爛的人生。

打不破思維，憑什麼過漂亮的生活

很多時候，我們只是在按照傳統的模式生活、工作，我們會覺得苦悶，生活沒有絲毫的樂趣，只是機械地重複，今天重複昨天，明天重複今天，在生活的河流中沒有一點新鮮的顏色。我們慣於只走別人走過的路，卻從不曾發現另一條路上的果實更多，更誘人。

在《莊子》中記載著這樣一則故事：

惠子家裡有一個大瓠瓜，他卻因為它太大而發愁，因為他不知道拿它做什麼用。莊子就批評惠子，把大瓠瓜晒乾了挖空當作一條簡易的船，可以方便出行，惠子竟然擔心瓠瓜太大了沒有用，真是「夫子猶有蓬之心也夫」！

莊子這一句話不僅罵了惠子，還罵了古今中外的很多人。一個人心中空空，不懂得從另外一個角度去考慮問題，不善於利用資源，缺乏創新，就是一個十足的大笨蛋。

有一位禪師寫了兩句話要弟子們參悟，這兩句話是：「綿綿陰雨二人行，怎奈天不淋一人。」弟子們得到這個話題便議論了起來。

第二章　我不懼怕成為這樣「強硬」的女人

　　第一個說：「兩個人走在雨地裡，有一個人卻不淋雨，那是因為他穿了雨衣。」

　　第二個說：「那是一個區域性的陣雨，有時候連馬背上都是一邊淋雨，另一邊是乾的，兩個人走在雨地裡，有一個人不淋雨，卻是乾的，那有什麼稀奇。」

　　第三個弟子得意地說：「你們都說錯了，明明是綿綿細雨嘛，怎可說是區域性陣雨，一定是有一個人走在屋簷底下。」

　　這樣，弟子們你一句我一句，說得好像都有理。

　　最後，禪師看時機已到，就為大家揭開謎底：「你們都執著於『不淋一人』的話題，且執著得過分厲害，那當然要爭論不休。由於爭論，所以距離真理越來越遠。其實啊，所謂『不淋一人』，不就是兩人都在淋雨嗎？」

　　很多時候，我們思考問題時，就如同這些弟子一樣一味地只在表面上轉來轉去，鑽牛角尖，這樣只會離問題的實質越來越遠。要學會從多角度去思考問題，打破自己的思維定式，只有創新才會有突破。

　　科學家曾做過這樣一個實驗，把跳蚤放在桌子上，然後一拍桌子，跳蚤條件反射地跳起來，跳得很高。然後，在跳蚤的上方放一塊玻璃罩，再拍桌子，跳蚤再跳就撞到了玻璃，跳蚤發現有障礙，就開始調整跳的高度。然後科學家再把玻璃罩往下壓，然後再拍桌子。跳蚤再跳上去，再撞上

去，再調整高度。就這樣透過不斷地調整玻璃罩的高度，跳蚤就不斷地撞上去，不斷地調整高度。直到玻璃罩與桌子高度幾乎相平，這時，把玻璃罩拿開，再拍桌子，跳蚤已經不會跳了，變成了「爬蚤」。

跳蚤之所以變成「爬蚤」，並非已喪失了跳躍能力，而是在一次次受挫後學乖了。牠為自己設了一個限制，認為自己永遠也跳不出去。儘管後來玻璃罩已經不存在了，但玻璃罩已經「罩」在牠的潛意識裡，罩在牠的心上，變得根深蒂固。行動的欲望和潛能被固定的心態扼殺了，牠認為自己永遠喪失了跳躍的可能。

我們很多時候就像這隻跳蚤一樣，一次次的受挫、碰壁後，奮發的熱情、欲望就被壓制、扼殺。你開始對失敗惶恐不安，卻又習以為常，喪失了信心和勇氣，漸漸養成了懦弱、猶豫、害怕承擔責任、不思進取、不敢打拚的習慣。這樣不知不覺就會被各式各樣的鎖鏈困住，所以，我們要悉心審視纏繞於身的鎖鏈，讓自己從中解放出來，去創造新的生活。

而我們常常又習慣於傳統的思維方式，按照眾人流行的慣性思維去思考，走著別人走過的路，做著別人做過的事，一切的一切都是別人的，所以我們無從突破。勇於走別人沒有走過的路，才能採擷到豐碩的果實。

■ 第二章　我不懼怕成為這樣「強硬」的女人

第三章

不必將就和討好，做你自己就足夠美好

■ 第三章　不必將就和討好，做你自己就足夠美好

世上只有一個你，別爲難自己

　　生活中難免會有缺陷和不如意的地方，面對一些自己無法左右的事情，不妨快樂接受，坦然面對，不要和自己過不去。這樣，我們就能夠驅散心頭的憂慮，讓快樂進駐。

　　一所大學的一個班級每天中午都要上演一個同學們喜聞樂見的節目，就是「才藝大觀」。按規定，班內的每個人都要參與，而且是每天有一個人上臺表演才藝，可以發表演講，也可以說段子、講笑話。只要能展示你自己，並且大家愛聽愛看的，無論什麼節目都可以。

　　有一天中午，輪到小齊上臺表演，他是班內男生堆裡最不起眼的一個，無論是學習成績還是外貌形象，倒數第一的準是他。只見他緩緩地走上講臺，摘下他那頂作為道具用的西部牛仔帽子，先向同學們深深地鞠了一躬，然後清清嗓子開始演講：

　　「從身材上看，不用我說大家也可以看出，我屬『三等殘疾』之列。但大家知道嗎，我比拿破崙（Napoleon）還高出十公分呢，他是一百五十公分，而我是一百六十公分；再有維克多・雨果（Victor Hugo），我們的個頭都差不多。我承認我有些未老先衰的跡象，還沒到二十歲便開始禿頭，但這並不

難看，因為有大名鼎鼎的莎士比亞（Shakespeare）與我為伴。我的前額不寬，天庭欠圓，可偉大的哲學家蘇格拉底（Socrates）和斯賓諾莎（Spinoza）也是如此；我的鼻子略顯高聳了些，如同伏爾泰（Voltaire）和喬治‧華盛頓（George Washington）的一樣；我的雙眼凹陷，但使徒保羅（Paul）和哲學家尼采（Nietzsche）亦是這般；我這肥厚的嘴唇足以與法國君主路易十四（Louis XIV）媲美，而我的粗胖的頸脖堪與漢尼拔（Hannibal）和馬克‧安東尼（Marcus Antonius）齊肩。」

沉默了片刻，小齊繼續說：「也許你們會說我的耳朵大了些，可是聽說耳大有福，而且塞凡提斯（Cervantes）的招風耳可是舉世聞名的啊！我的顴骨隆聳，面頰凹陷，這多像美國南北戰爭的英雄林肯（Lincoln）啊；我那後縮的下顎與威廉‧皮特（William Pitt）不分伯仲；我那一高一低的雙肩，可以從甘必大（Gambetta）那裡尋得淵源；我的手掌肥厚，手指粗短，大天文學家愛丁頓（Eddington）也是這樣。不錯，我的身體是有缺陷，但要注意，這是偉大的思想家們的共同特點……」

當小齊演講完走下講臺時，班級裡爆發出久久不息的掌聲。小齊的這次演講，不僅在於他的風趣幽默與妙喻連連，更在於他教同學們學會了如何對待自己的缺點。

每個人都有各式各樣的缺點和不足，如果我們一味地沉浸在自己的缺點中無法自拔，那麼生活還有什麼意義呢？每一個人都是獨一無二的，將自己的缺點放大而看不到自己的

第三章　不必將就和討好，做你自己就足夠美好

優點的人，一定是不會快樂的，而我們往往只注意到自身的缺點。當你覺得自己很「拿不出手」的時候，別人或許正在羨慕你的才能。

不是我們不夠優秀，而是我們太難為自己，難為到我們自己也為之傷心、失落。一個人最閃光的時刻就是很自信的時候，想要自信就需要我們不斷地尋找自身的優點，而不是一味地強調自己的缺點。一個外貌條件不出眾的人可以比一個先天條件優越的人更有魅力，就是因為自信，相信自己可以，並且陽光、開朗。

我不是最優秀的，那又怎樣

　　通透的女人能更好地品味人生，感受幸福，而每一個通透的女人，都有一個快樂祕訣，那就是接納自己，為自己鼓掌。

　　人生舞臺中，我們每個人都在飾演不同的角色，不管是主角或是配角，是悲劇還是喜劇，每個人都在用熾熱的心感受著生活中的點點滴滴。

　　每個人來世上一遭，都希望演繹出輝煌的成就和有個性的自我，希望自己的一顰一笑、風度學識或是動人歌喉、翩翩身影，能夠得到別人的認可和掌聲。但生活並不會讓每個人都如願以償，並不是所有人都能神采飛揚地站在燈火閃爍的舞臺黃金分割點上。作為一個平凡的個體，我們中的大多數人，也許只能在鎂光燈的背後呢喃自己的獨白，沒有人會關注，沒有人會在意，也沒有人給予簇擁的鮮花和熱烈的掌聲。

　　面對此情此景，女人是否在嗟嘆自己的渺小與庸常，感懷別人的優秀與成功呢？其實，又何必豔羨那些鮮花和掌聲呢？即便你不是最優秀的，那又怎樣？只要你真實地生活，

第三章　不必將就和討好，做你自己就足夠美好

活出一個真正的自我，即使所有人把目光投向別處，你還擁有一個最忠實的觀眾──你自己。

每一個角落都在等待陽光的照耀，每一個人都在等待美好時光的到來，每一顆心都在等待心靈的碰撞。為自己鼓掌喝采，就是尊重自己的價值，讓自己在無情的競爭中獲得一份溫情。也許你是一件煅燒失敗、一經出世就遭冷落的瓷器，沒有凝脂般的釉色，沒有精緻的花紋，無法被人藏於香閣。可當你摒棄了雜質，由一個泥坯變成一件瓷器的時候，你的生命就已經在烈火中變得灼人而又亮麗，你就應該為此而欣慰。

也許你是一塊矗立山中、終日承受日晒雨淋的頑石，醜陋不堪而又平凡無奇，滄海桑田的變遷中，被人遺忘在那裡，可你同樣應為自己自豪，長久地屹立不倒，便是你永恆的驕傲。

也許你只是一朵殘缺的花，只是一片熬過旱季的葉子，或是一張簡單的紙，一塊無奇的布，也許你只是時間長河中一個匆匆而逝的過客，不會吸引人們半點的目光和驚嘆，但只要你擁有一雙手，你就能為自己鼓掌。

女人為自己鼓掌，我們將勇往直前。人生的道路上到處充滿荊棘，即使再平靜的海面也會有波濤洶湧的一天。相信自己，用一顆勇敢的心去面對。一次失敗並不代表最後的失

敗，誰笑到最後才笑得最燦爛。

　　勝利了，我們一笑而過；跌倒了，我們忍痛爬起，繼續我們的人生之旅。或許勝利的旗幟就在前方向我們揮手，或許下一站就是成功，或許明天又是美好的一天。所以女人應該不怕困難，勇往直前去開拓通往未來的七彩之路。

　　為自己鼓掌，生活將多彩多姿。很多時候我們都是在為別人喝采加油，但是當我們為自己喝采時，我們會有不同的感受、不同的心情，就像窗外吹來的涼風夾著桂花帶來的芳香給人清爽的感覺，動人心弦。失敗讓我們氣餒，但如果你從此一蹶不振，那你就錯了。失敗乃成功之母，我們真心努力過，失去何嘗不是一種得到？

　　真心感受生活的每一次感動，為自己的執著、真誠、善良、勤勉而鼓掌，就是我們對於生命最大的回饋、感恩和滋潤。

■ 第三章　不必將就和討好，做你自己就足夠美好

不必討好，做你自己就足夠美好

「以銅為鏡，可以正衣冠；以人為鏡，可以明得失。」每個人都是一面鏡子，我們可以從別人身上發現自己，認識自己。然而，如果一個人總是拿別人當鏡子，那麼那個真實的自我就會逐漸迷失，難以發現自己的獨特之處。

有這樣一則寓言：

有兩隻貓在屋頂上玩耍。一不小心，一隻貓抱著另一隻貓掉到了煙囪裡。當兩隻貓同時從煙囪裡爬出來的時候，一隻貓的臉上沾滿了黑煙，而另一隻貓臉上卻是乾乾淨淨。乾淨的貓看到滿臉黑灰的貓，以為自己的臉也又髒又醜，便快步跑到河邊，使勁地洗臉；而滿臉黑灰的貓看見乾淨的貓，以為自己也是乾乾淨淨，就大搖大擺地走到街上，出盡洋相。

故事中的那兩隻貓實在可笑。牠們都把對方的形象當成了自己的模樣，其結果是無端的緊張和可笑的出醜。牠們的可笑在於沒有認真地觀察自己是否被弄髒，而是急著看對方，把對方當成了自己的鏡子。

同樣道理，不論是自滿的人還是自卑的人，他們的問題

都在於沒有了解自己，形成對自身清晰而準確的認知。每個人都有自己的生活方式與態度，都有自己的評價標準，女人可以參照別人的方式、態度來確定自己採取的行動，但千萬不能總拿別人當鏡子。總拿別人做鏡子，傻子會以為自己是天才，天才也許會把自己照成傻瓜。

琥碧‧戈柏（Whoopi Goldberg）生長於環境複雜的紐約市雀兒喜勞工區。當時正是「嬉皮」時代，她經常模仿時尚人士，身穿大喇叭褲，梳著蓬蓬頭，臉上塗滿五顏六色的彩妝。為此，她常遭人們的批評和議論。

一天晚上，琥碧‧戈柏跟鄰居友人約好一起去看電影。時間到了，她依然身穿扯爛的吊帶褲，一件扎染襯衫，還有那一頭蓬蓬頭。當她出現在她朋友面前時，朋友看了她一眼，然後說：「你應該換一套衣服。」

「為什麼？」她很困惑。

「你扮成這個樣子，我才不要跟你出門。」

她怔住了：「要換你換。」

於是朋友轉身就走了。

當她跟朋友說話時，她的母親正好站在一旁。朋友走後，母親對她說：「你可以去換一套衣服，然後變得跟其他人一樣。但你如果不想這麼做，而且堅強到可以承受外界嘲笑，那就堅持你的想法。不過，你必須知道，你會因此引

第三章　不必將就和討好，做你自己就足夠美好

來批評，你的情況會很糟糕，因為與大眾不同本來就不容易。」

琥碧‧戈柏受到極大震撼。她忽然明白，當自己探索一條可以說是「另類」的存在方式時，沒有人會給予鼓勵和支持，哪怕只是一種理解。當她的朋友說「你得去換一套衣服」時，她的確陷入兩難抉擇：倘若今天為了朋友換衣服，日後還得為多少人換多少次衣服？她明白母親已經看出她的決心，看出了女兒在向這類強大的同化壓力說「不」，看出了女兒不願為別人改變自己。

人們總喜歡評判一個人的外型，卻不重視其內在。要想成為一個獨立的個體，就要堅強到能承受這些批評。琥碧‧戈柏的母親的確是位偉大的母親，她懂得告訴她的孩子一個處世的根本道理──拒絕改變並沒有錯，但是拒絕與大眾一致也是一條漫長的路。

琥碧‧戈柏這一生始終都未擺脫「與眾一致」的議題。她主演的《修女也瘋狂》(Sister Act)是一部經典影片，而其扮演的修女就是一個很另類的形象。當她成名後，也總聽到人們說：「她在這些場合為什麼不穿高跟鞋，反而要穿紅黃相間的快跑運動鞋？她為什麼不穿洋裝？她為什麼跟我們不一樣？」可是到頭來，人們最終還是接受了她的影響，學著她的樣子綁黑人細辮子頭，因為她是那麼與眾不同，那麼魅力四射。

不必討好，做你自己就足夠美好

倘若今天為某個人換衣服，日後還得為多少人換多少次衣服？換來換去，還有自己嗎？做人亦如同穿衣，不能改來改去；否則，也就不會有自己了。

通透的女人，願意做有個性的自己，不理會打量的目光和譏笑，也不害怕與人為敵，更不會在別人的話語裡尋找肯定，不會在別人的眼睛裡尋找自己的影子。專心做好自己，不要被外界所干擾，才能保住自己的本色而不會迷失自己。每個人都有自己的精采，做自己、活自己，遵從自己內心的意願，你就是最好的自己。讓懂的人懂，讓不懂的人不懂，不管歲月流年，不管流言蜚語。

如果你一味地遵循別人的價值觀，想要取悅別人，最後你會發現「眾口難調」，每個人的喜好都不一樣，失去自我，便會是自己人生中痛苦的根源。其實，生活中原本就沒有什麼一成不變的框架，所謂通透，就是按自己喜歡的方式生活，不必取悅任何人，做你自己就足夠好。

第三章　不必將就和討好，做你自己就足夠美好

緣分盡了，分手便是成全

對於一個已經不愛你的人，堅持又有什麼意義呢？「天涯何處無芳草，何必單戀一枝花」，曾經以為是天長地久，到頭才發現只是萍水相逢。如果只是你生命中的過客，並非那個注定要為你駐留的人，又何必太在意他的離去呢？生命中總會有人與你擦肩而過，也總會有人為你停留，何必只為一朵花駐足呢？

愛情不是盛開在天堂裡的花朵，在這個紛繁複雜的物質社會裡，愛情也常常會受到各類「病毒」的侵襲，遭遇一些或大或小的衝突。當愛情的伊甸園危機四伏時，是堅守還是突圍？突圍後又是否能有個燦爛的未來？越來越多的人為此舉棋不定，日夜嗟嘆。

「愛到盡頭，覆水難收」，勉強維持沒有愛情的關係是沒有意義的。有時候，放手也是一種明智。一個你不想失去的人，未必是能和你一直走到老的人。可是，正是因為人的占有欲太強，所以可能會做出各種不理智的事情。

其實，當愛情已經走到了「灰飛煙滅」的盡頭，無論你如何費盡心力去維持它，都於事無補。愛是一種自然的感覺，

愛散了、淡了、完了，就隨它去吧，何必「死纏爛打」、「尋死覓活」呢？倒不如放手，給他也給自己一片廣闊的藍天，這樣你才能過得更好。

芊芊曾經聽媽媽講過父母之間的愛情故事，很美、很浪漫。她為此感到驕傲：父母是因為愛而結婚的！甚至在一年之前，她仍然認為他們會一直相愛到白頭。可理想和現實終究是有距離的。

那是一個飄雪的冬日。清晨，她被爸媽的爭吵聲驚醒，她走出房門，見爸爸正在穿大衣。

「這麼早，你要去哪？」她想攔下爸爸。「這個家已經沒有我的容身之地了！」爸爸大吼著衝了出去。

媽媽倒在沙發上，無聲地哭泣著。自那以後，爸媽天天吵，時時吵，刻刻吵，她不得不充當「和事佬」的角色，不停地去平息他們的戰火。如此持續了幾個月，大家都已經筋疲力盡了。突然有一段日子，他們不再吵了，而是變得相敬如「冰」，兩人都懶得多看對方一眼。爸爸日日晚歸，有時整夜都不回家；媽媽還是原來的樣子，照常做飯洗衣，只是鬱鬱寡歡，難得一笑。

一天，芊芊實在忍不住了，說道：「你們離婚吧。你們早就想這樣了不是嗎？只不過礙於我而遲遲不肯下決心。實際上我沒有你們想的那麼脆弱。既然不再相愛，何苦硬是湊在一起？即使你們離婚，也仍是我的爸爸媽媽，我也仍然是你們的女兒。」

第三章　不必將就和討好，做你自己就足夠美好

　　媽媽哭了，這芊芊早就料到了，但她不曾想到的是，爸爸竟然也流下了眼淚！

　　半個月之後，爸爸搬出了他們曾經共有的家。芊芊現在生活得很自在，她的爸爸媽媽也過得很快樂。

　　愛情沒有尺度來衡量，婚姻沒有標準來量化，如果愛就要學會寬容，學會等待。愛情就像做菜，適時地新增佐料才有美味。如果這份愛走到盡頭，沒有挽回的餘地，那就放手吧。愛過知情重，如果實在難以割捨，那麼告訴自己，放手也是因為太愛他。然後，將這份情深深地埋在心裡，等待時間告訴你一切的結果 —— 那就是，生活並不需要無謂的執著，沒有什麼不能被真正割捨。

他不要你，不是你不夠好

　　愛情，就像兩個人在拉橡皮筋，疼的永遠是後撒手的那個……女人，當愛情已經變味，當你深愛的男人甘當愛情的叛徒，何必執著？風過了就過了，他走了就走了，一切已經無法回頭，那又何必再想，何必苦苦哀求？更不要向他報復，要知道，你的幸福其實就是對他最大的報復。

　　愛情之所以是美麗的，正是因為它是自由選擇的。他愛你的時候是真的愛你，他不愛你的時候也是真的不愛你。這是他的自由，這是他的選擇。女人的人生，不必為他人的自由選擇背負責任，你有你的自由，你有你的選擇。當愛已遠走，何必強留？

　　一個女人，靜靜地坐在化妝臺前細緻地描繪自己的妝容，一個朋友風風火火地推門進來，滿臉掩飾不住的驚慌：你的丈夫和別的女人私奔了。她臉色白了，拿眉筆的手一抖，眉毛有點斜了。她對著朋友擠出了一個慘淡的微笑，接著畫自己的眉毛。十幾分鐘後，她走上了舞臺，精心裝扮過的臉上帶著一如既往的燦爛微笑。在舞臺上，她和觀眾互動，說著輕鬆的笑話，她讓觀眾十分開心。回到後臺，她靜

第三章　不必將就和討好，做你自己就足夠美好

靜地卸下妝來，仍舊沒有淌下一滴眼淚。這個女人，後來創立了自己的化妝品品牌，婚變並沒有擊垮她的意志，反而激發了她的幹勁，創造出無限精采的人生。而無論她走到哪裡，都是笑意盈盈。

愛情不是單行道，一個人的愛情不是愛情，愛情要在兩個人的共同呵護下才能綻放出美麗的花朵。如果其中一人心生去意，就注定了這朵愛情之花的凋謝。女人，相較男人而言，更具有無私奉獻的痴情精神，更脆弱，也更容易受傷害。但愛情這個東西，是無法解釋的，也難以分辨對錯。在愛情破產之後，女人再恆久地期盼和等待，只換來更深的痛苦和寂寞。既然心已走遠，彌補和挽留又有何用，還是將目光朝向未來吧，前面路上還會有鮮花和希望，多給自己一次機會，你會發現風景這邊獨好。

當他離去，你不必一邊哭泣，一邊埋怨自己「他不要我，只是我不夠好」，這只是一句蠢話，並非事情的癥結所在。或許正是你的好，讓他備感壓力，從而心生去意。他覺得與你在一起不能彰顯他的強大，他感到了深深的疲憊，渴望掙脫你的陰影。

在古代，如果你沒有卓文君的絕妙文筆，寫不出「聞君有兩意，故來相決絕」的詩句，去打動郎君的鐵石心腸，就只能悲戚戚回娘家。在如今這個「她時代」，棄婦本身已沒

有那麼嚴重的悲劇意義。做棄婦不可怕，可怕的是被拋棄後一蹶不振，終生潦倒。棄婦所要做的就是不動聲色，繼續生活。

　　在感情的世界裡，全身而進，也要全身而退。當愛情來臨，不要懷疑，全身心地投入幸福的甜蜜之中；當愛情之花凋零，亦要決絕抽身離去。別去恨他，因為恨也是一種變相的愛，證明你還留戀曾經的美好，證明你心中殘存一絲糾結。恨也需要力氣，對於一段無可挽回的往事，何必再耗費你的力氣呢？不如瀟灑地和過去揮一揮手，道一聲離別，留給對方一個昂然的背影。

第三章　不必將就和討好，做你自己就足夠美好

你可以愛一個人到塵埃裡，但沒人愛塵埃裡的你

十九世紀英國著名女作家夏綠蒂‧勃朗特（Charlotte Brontë）的代表作《簡‧愛》（*Jane Eyre*）裡面有一句經典臺詞：「愛是一場博弈，必須保持永遠與對方不分伯仲、勢均力敵，才能長此以往地相依相息。因為過強的對手讓人疲憊，太弱的對手令人厭倦。」所以，女孩們，感情裡最不能做的事情就是低到塵埃裡，千萬別過分看輕感情中的自己。

愛情是美好的，愛情是浪漫的，愛情中的女人是綻放的花朵，戀愛中的女人是最美的，愛情是神聖而不可褻瀆的。女人渴望愛情，追逐著愛情，卻最容易在愛情中迷失自己──愛得撕心裂肺，愛得死心塌地，時刻為對方著想，盡情地打扮著自己，留他喜歡的髮型，做他喜歡吃的菜，按照他喜歡的樣子打扮自己。

其實，女人太卑微，真的很累！為了愛，為了得到一份自己無法割捨的感情，低三下四地去做一些事情，努力對他好，努力去迎合他。問題是，愛一個人的時候可以低到塵埃裡，但又有多少人會真正愛著塵埃裡的你呢？對一個人無條

件地關懷和應允，人家未必領情。畢竟，當已經低到塵埃裡，也離塵埃不遠了。

這樣的事例雖然有些誇張，但也只是將現實生活的情節放大了。女人常常會和她們一樣在戀愛中沒有了自己，一切只是為了討好他而為。真正的愛情不是建立在討好的基礎上，將自己的生活弄得一團糟，而應是發自內心的喜歡，建立在彼此尊重、彼此平等基礎之上。

相愛是應該互相遷就，互相體諒，但絕不是無條件地順從。只要他提出的要求是不合理的，你就要學會拒絕。拒絕也要講究策略，要適時適量，尤其是他的那些「習慣」已經根深蒂固，如果你一下子改變態度，他會接受不了，很容易懷疑你對他的感情發生了改變。因此，你應該由弱至強，讓他的心裡有個適應和緩衝的過渡期，逐步逐條地改掉他的那些壞「習慣」。

女人為愛而生，女人更為愛而活，當愛情來臨時，女人恨不得向全世界宣布她的愛情。有一位作家曾說過：「戀愛，在人生的旅途上，是不可避免的遭遇，她是一件和吃飯穿衣一樣很平常的事情。然而在當事人看來，簡直是世間最稀罕最神祕的一件事。他們可以為愛情自殺，或遠走高飛，什麼名譽、學問、事業，他們全不顧及，只覺得兩人的愛是偉大的，神聖的，任何人都沒有權力來干涉，任何人都沒有力量

第三章　不必將就和討好，做你自己就足夠美好

來阻止。他們彷彿像一對瘋子，什麼人也不需要，哪怕世界上沒有一個親戚朋友同情他們，他們也覺得沒關係，甚至兩人都窮得沒有飯吃也不管，反正只要有『愛』便行。」

　　戀愛中的女人有時是盲目的，在她的眼睛上，蒙上了一層厚厚的愛情之網，讓她失去了理智的判斷，除了愛她什麼也看不見，什麼也不想。而實際上在愛人面前，你應該將你的思想、家庭狀況以及你特殊的個性都告訴他，讓他完全認識你、了解你，如果他是真的愛你，就一定愛你的坦白忠誠。否則，你將一切隱瞞起來，將來結婚之後，等到他發現你本來面目的時候，那將是你不幸婚姻生活的開始。

　　女人請記住，要談一場公平的戀愛，和勢均力敵的人結婚。在感情當中，不要表現得極端虛弱，懂得愛自己的女人才能真正贏得別人的愛。

人格獨立、情感依賴的女人最可愛

愛情是偉大而平等的，不可過分依賴，否則將導致病態。在愛情裡還有一個著名的刺蝟法則：相愛的兩個人，有時候就像是冰天雪地裡的兩隻刺蝟，因為天氣太冷，想靠近取暖，但一方的刺扎到另一方的身體時，大家都感到疼痛難耐。但是天氣越來越冷，為了取暖，兩隻刺蝟不止一次地嘗試靠近又分開，如此反覆多次，終於找出不會刺到對方，又能取暖的恰當距離。

這個法則告訴我們，兩個相愛的人之間，只有保持適當的距離，才能使彼此不受傷害：過分依賴容易傷害對方，過分疏遠又感受不到對方的關懷，最恰當的是有點距離又不太遠。然而，現實中，這個距離並不是那麼容易掌握的，稍不留意就會有所偏差。很多人過分依賴另一半，結果導致愛情和婚姻的病態。

王靜，相貌漂亮，性格溫柔，是每個人眼中的賢妻良母。她的丈夫王博也堪稱儀表堂堂，而且對王靜也是一往情深。但不知從什麼時候起，王靜心裡增添了一個奇怪的想法：為什麼王博總是對自己這麼好，是不是做了什麼對不起

第三章　不必將就和討好，做你自己就夠美好

自己的事情？於是，她便開始注意起來，不讓王博離開她的控制範圍。

王博是一家外商公司的業務人員，業務上的應酬比較多，王靜開始懷疑起來，他真的會有那麼多應酬嗎？她便開始了「查勤」，跟蹤過幾次之後，看到王博與男男女女出入酒店、保齡球館、娛樂場所，便更加不放心。

於是，她想出了一個對策，每當王博說有應酬時，她都不動聲色，但是只要王博出門以後，她便會打電話。今天是自己突然得了急病；明天是寶貝兒子放學沒有回家，找遍了親戚朋友和兒子的同學家也沒有找到，兒子失蹤了；後天又是自己的鑰匙鎖在家裡，而自己只穿了一套睡衣站在樓梯間⋯⋯更離奇的還有父母出了車禍、家裡遭了竊賊、自己被幾個男人非禮⋯⋯

王博愛妻心切，每次都上當回家，每次都無奈地苦笑，再以後是發火、憤怒、大吵。可是，王靜鐵下心來，堅持自己的做法。王博屢次與客戶失約，或半途退場，生意也丟了一單又一單，最終在又失去一筆大生意後，被老闆炒了魷魚，無可奈何的王博最終選擇了跳下高高的鐵橋。

悲慟欲絕的王靜怎麼也想不到，這場悲劇的總導演就是自己，她想把丈夫完全地據為己有，卻沒有料到永遠地失去了他。

人格獨立、情感依賴的女人最可愛

王靜的悲劇可能是個別的，但是，想控制自己的男人並將男人拴在腰帶上的女人，也許從未想過，屬於世界的男人變成了只屬於一個女人的腰帶時會變成什麼，是掙脫腰帶揚長而去，婚姻破裂，家庭解體，想把門關牢結果卻連門都被踢得粉碎；是男人被制得服服貼貼，變成了石榴裙下的奴隸，被妻子隨意地操縱著，變成了妻子意志的工具；抑或是理解，相互信任，給對方一個自由的空間……這些都值得思索。

曾看過一本書中直陳了智慧女性應有的愛情觀：「由男人的眼光看，一個太依賴的女人是可憐的，一個太獨立的女人是可怕的，和她們在一起生活都累。最好是既獨立，又依賴，人格上獨立，情感上依賴，這樣的女人才是最可愛的，和她一起生活既輕鬆又富有情趣。」

「人格獨立，情感依賴」，對現代人來說是一種理性的愛情觀。希臘名言：「感情必須溫暖理智，但理智必須誘導愛情。」說的也是這個道理，當深陷情網的時候，戀愛中的人都往往有一種盲目獻身的精神，他們會認為為愛人所做的一切都是理所當然的，結果盲目地投入，過分依賴，親手毀滅了自己的愛情，所以我們應該學會用理智合理的態度對待自己的愛情。

第三章　不必將就和討好，做你自己就足夠美好

單身再久，也不願意將就

由於社會和個人的原因，「剩女」是越來越多了。而那些適齡的女人為了早早地將自己嫁出去，不斷地周旋於親人朋友安排的相親之中，如此一來，卻迷失了自己，忘記了自己內心的最初堅持。於是，開始了一場可有可無的戀愛，不淡不鹹地交往著。事實上，所謂的「雞肋」享受不到甜蜜與快樂的滋味，還不如一個人精采。

楊修曾說：「雞肋者，食之無肉，棄之有味！今進不能勝，退恐人笑⋯⋯」雞肋，縱使嚼之無味，至少在飢餓時可以果腹，所以棄之可惜。雞肋一樣的愛情，缺少愛情的激情與甜蜜，雖然心頭仍存一絲不捨，但對於女人來說，最輸不起的就是時間，怎能讓這樣的愛情填滿了青春的保鮮期呢？所以，雞肋愛情，女人當棄之不惜。

梅子和楊陽是最傳統的相親認識的，他們之間沒有驚喜，沒有波折，兩個人順理成章地相識相處了。每天像做功課一樣，時間到了打個電話，傳些訊息，也會見面吃個飯，喝個茶。也許兩個人可以一直這樣下去，然後自然而然地像父母希望的那樣，結婚生子，過日子。這樣想來，也沒什麼

不好，女人嘛，到最後也不就是找個好的歸宿，相夫教子，或者支持丈夫的工作事業。

這樣看似沒有問題的戀愛，梅子卻開始反思。這樣的戀愛實在太平淡太無味，心裡沒有一絲波瀾。這樣的愛情，又有什麼意義，這樣的結合，又有什麼價值。人生苦短，卻不能忠於自己的心，年老色衰之時，只能默默地遺憾流淚，卻還沒有感受到真正的愛情，為之瘋狂的愛情。

經過反思，梅子放棄了這段感情，決定等待一份想要的愛情。於是，她又開始了一個人的生活。一個人的世界雖然沒有愛情，但至少還有友情，閒暇的時候和好友逛街買自己喜歡的衣服，把自己收拾得優雅得體。一個人的時候可以有音樂相伴，手捧一本書，在知識的海洋中暢遊。一個人的時候可以去遠方旅行，享受那種永遠在路上的感覺。一個人的世界一樣很精采，當寂寞和孤獨演化成一種嗜好，一個人的浪漫仍能營造。

愛情可以使人墮落，也可以使人昇華，每個人當然都希望是後者那麼完美。而這個完全在於我們自己的選擇，不要屈就自己，更不要違背自己的心意，縱有千萬的理由，也要選擇一個彼此相愛的人。也許這樣尋找等待的時間會很漫長，但我們要有耐心。而雞肋般的愛情，讓我們離它遠點吧。

女人大多都是感性的，一旦愛上便會百分之百地投入，

第三章　不必將就和討好，做你自己就足夠美好

並且希望最終可以走入婚姻的殿堂。但如果婚姻不是以愛情為基礎，只是為了表面上看似般配，那麼這根雞肋早晚都有被丟掉的一天。我們不能為了某個看似合適的人而湊合自己的一生。

畢竟，兩個人，朝夕相處，是要一輩子的，那麼將就做什麼呢？否則這樣的結合只是一種悲哀，最後也只是一場「悲劇」。如果你遇到了一個對愛情同樣迷茫的男人，他沒有能力或是懼怕去承擔一個女人的喜怒哀樂，還是選擇一個人走吧。

當愛情變成雞肋，當承諾變成枷鎖，睿智的女人理應選擇放棄。或許還會有眷戀，會有不捨，但青春易逝，守著這樣的感情直至年華老去的那一天，真的不值。因此，與其品味一段無味的雞肋愛情，不如回到一個人的世界，活出自己的精采。

第四章

只想和你好好過

第四章　只想和你好好過

如果愛，請深愛；若愛，請表白

很多時候，我們一直默默地喜歡一個人，為之高興，為之暗自心傷，愛就像悄悄綻放的花朵一樣很寂寞，卻也很純情。當有一天，看到他牽起了別人的手從你的身邊走過並幸福地向你打招呼，頃刻間，你的心碎了……

電影《四月物語》講述的是一個發生在十七歲美麗少女榆野卯月身上的「愛的奇蹟」。因為暗戀學長，成績不佳的她努力考取了學長所在的武藏野大學。影片的開始便是女孩站在飄滿櫻花的東京街頭，開始了她嚮往已久的大學生活，也開始了她對愛情的執著找尋。鏡頭一直以一個旁觀者的身分注視著這個內心被愛的祕密填得滿滿的女孩的日常生活，從她搬入東京的新居，到她在新班級裡自我介紹，到她參加釣魚社的活動，到她在電影院外被陌生男子尾隨……直到她被在書店打工的學長認出後，她才終於有勇氣伴著淋漓的雨聲對學長說出「對我來說，你是很出名的」。在這一場大雨中，影片緩慢平淡的節奏突然因為女孩祕密的揭開而掀起了高潮，而電影也就此走向了尾聲。故事很唯美，又很傷感。

愛，除了心靈的感應與感覺外，還應有行動的表白，不論是愛或者被愛，都是一件幸福的事。可幸福不是等來的，

如果愛，請深愛；若愛，請表白

需要努力，需要創造。如果愛，就要勇於表白。表白對於一份愛情的開始十分重要。因為驕傲放不下面子，不肯先向對方示愛，這又何必呢？示愛並不是示弱，假如這段感情幸運地開始了，先示愛的一方也並不是低人一等，勇於表白的人才能掌握自己的情感軌跡，才能抓住自己的幸福！

當你遇到自己喜歡的人，在什麼都沒有開始時，如果以為「他不一定喜歡我」，那麼你可能會真的失去對方，失去選擇的機會。

不要害怕被拒絕，你需要做的是克服自卑不安的想法和自愧不如的心理。不要在手機旁猶豫不決，事實上，只要你勇敢地打一次電話，事情就會完全解決了，你也就將徹底擺脫憂心如焚的處境。即使遭到拒絕，也不是什麼大不了的事情，你只要保持輕鬆的心情就能度過情緒不穩定的日子。如果你什麼都不去做，只是終日停留在忐忑不安中，猜測對方的心意，又有什麼意義呢？為什麼不給自己一點主動權呢？

被拒絕並不代表你有什麼過失，也許他的心已另有所屬，而他恰恰是個忠誠的愛人；也許他目前為事業忙得焦頭爛額，根本無暇分心經營愛情；也許他最近情緒不佳，偏偏你又撞在「槍口」上。所有這些都與你無關，不要因為被拒絕就覺得被判了死刑，失去了追求愛情和幸福生活的勇氣。

愛一個人，是幸福的。如果能一輩子始終真誠、不變地

第四章　只想和你好好過

愛,那確實是值得驕傲的榮耀與幸運。愛到最後,而不一定是贏在最後;而深愛,是無關輸贏的,因為愛是一種幸福。贏得心靈的幸福,才是真的贏。

茫茫人海,遇到喜歡且相愛的人不容易,所以,當你遇到那個相愛的人,請馬上行動,請告訴他,並努力去愛,別讓自己留下遺憾。不要在愛情的漩渦中迷茫!不要當愛人遠離時,才後悔失去了一份愛的幸福!其實,幸福離你並不遠,很多時候只是一個轉身的距離,你抓住了就可能幸福一生,錯過了就像流水一樣一去不復返了。

只要務實的愛情

　　愛情只是生命綠樹上斜伸出的一根枝條，它有理由成為生長得最茂盛、開花得最美好的一枝，但是，它並不是生命本身，為了愛情並不意味著你有理由放棄生命中其他的事情。

　　愛情是女人生命中永恆的主題，每個女人都渴望愛情，都希望沉醉在愛河中感受幸福之花。然而，你的愛情沒有開在童話裡，而是生長在現實的煙塵中，當愛情與麵包難以兩全時，該如何抉擇呢？有這樣一個故事：

　　愛情穿著聖潔的禮服在世間行走。有一日，它忽然遇見了陳列在櫥窗裡的白胖胖、傻乎乎的麵包，心裡有點不平衡：「這個笨傢伙有什麼資格躺在這麼華貴的櫥窗裡呢？真是太不公平了。」它湊上前去對白麵包說：「喂，傻瓜，誰讓你躺在這裡的？」

　　麵包毫不生氣，微笑著說：「點心師傅因為人們的需求而創造了我，我能填飽人們的肚子，我不躺在這裡躺到哪裡去呢？」愛情嗤之以鼻，當下決定和麵包打個賭，讓麵包承認自己的微不足道，愛情才是至高無上的。

　　於是麵包笑瞇瞇地離開了櫥窗。愛情化身為美麗而特別

第四章　只想和你好好過

的愛情小天使代替了麵包,微笑著站在了櫥窗裡。

不久,櫥窗前來了一個小男孩和一個小女孩,小女孩手裡攥著錢把櫥窗上下看了一遍說:「哥,怎麼沒看到麵包了,這個是什麼東西啊?」

「這是愛情。」小男孩看著旁邊的招牌回答道。

「愛情是什麼呢?它看起來好美,我們把它買回去吧。」小女孩很高興。

「不行,不行。」小男孩慌張地擺手,「媽媽說是愛情搶走了爸爸,所以我們才沒有了爸爸,如果我們敢把愛情帶回去,媽媽一定很不開心的。」

小女孩似懂非懂地和小男孩走了。

愛情很不屑:「小孩子懂什麼愛情呢?」

一會,來了一對時髦的年輕男女,他們立在櫥窗前還不時相互親吻對方的臉,看得出是一對沉浸於愛河的戀人。女人首先發現了愛情,她興奮地說:「親愛的,這是愛情啊,我們把它買回去吧。」

「可是親愛的,我們是來買麵包的。」男人皺了一下眉頭。

「噢。」女人有些失望,隨即又心領神會地和男人一起走了。

愛情很失望,但又很快釋然了:「浮躁的年輕人還是不懂得愛情的。」

只要務實的愛情

中午來了一對中年夫婦,拎著大包小包的東西。「這是一對會過日子的夫妻。」愛情心想,「他們一定懂得什麼叫愛情。」

女人的眼睛飛快地搜尋了一遍櫥窗,看到愛情,她的嘴角浮起了一絲微笑,愛情想她一定是想起了戀愛時的美好時光。愛情滿心以為她會買下自己,誰知女人搖搖頭說:「這裡沒有麵包。」

「那我們再找另一間吧,孩子等著吃呢。」男人推著女人走了。

愛情氣憤極了,馬上又安慰自己:「被生活瑣事累著的人是不懂得享受愛情的。」

過了許久,來了一對老夫婦,老婦人高貴優雅,老先生也溫文爾雅,愛情可以看得到他們之間的情意,心裡高興起來:「只有老了的人才能真正了解愛情。」

老婦人看到了愛情,對老先生說:「現在愛情到處亂擺,算什麼愛情啊。」

老先生笑道:「還是麵包實在。」他們轉身走了。

愛情終於忍不住,放聲大哭起來。它悲傷地哭道:「這世間就容不下愛情了嗎?」但是沒人能回答它,這是為什麼呢?

真正的生命,不僅僅是純淨與空靈、美麗與誘惑,還有欲望與掙扎,權衡與無奈,這才完整。麵包和愛情並不是對

第四章　只想和你好好過

立的矛盾體，僅僅是生活的兩個側面、兩個層次。沒有麵包的愛情，是飢腸轆轆的浪漫。

　　愛情不是存活在真空裡的東西，它實實在在，它需要有麵包的支撐，營養充足才能走得長久。選擇麵包並不可恥，而是務實，這對女人來說是件好事。沒有愛情的生命是荒涼的，沒有麵包的生命是死寂的，女人只有務實了，才會懂得怎樣生活。

在你身邊的，才是最好的

人要懂得珍惜當下的幸福，不要等到失去了才追悔莫及，也不要把所有的希望都放在未來，這樣才能及時品味人生的樂趣。

從前，有一座圓音寺，每天都有許多人來這裡上香拜佛，香火很旺。在圓音寺廟前的橫梁上有個蜘蛛結了張網，由於每天都受到香火和虔誠祭拜的薰陶，蜘蛛便有了佛性。經過了一千多年的修煉，蜘蛛的佛性增加了不少。

有一天，佛祖光臨了圓音寺，離開寺廟的時候不經意間看見了橫梁上的蜘蛛。佛祖停下來，問這隻蜘蛛：「你我相見總算是有緣，看你修煉了這一千多年，有什麼真知灼見？世間什麼才是最珍貴的？」

蜘蛛想了想，回答道：「世間最珍貴的是『得不到』。」

佛祖點了點頭，離開了。

蜘蛛依舊在圓音寺的橫梁上修煉。

有一天，颳起了大風，風將一滴甘露吹到了蜘蛛網上。蜘蛛望著甘露，見它晶瑩透亮，很漂亮，頓生喜愛之意。突然，又颳起了一陣大風，將甘露吹走了，蜘蛛很難過。

第四章　只想和你好好過

這時佛祖又來了,問蜘蛛:「蜘蛛,世間什麼才是最珍貴的?」

蜘蛛想到了甘露,對佛祖說:「世間最珍貴的是『已失去』。」

佛祖說:「好,既然你有這樣的認知,我讓你到人間走一趟吧。」

蜘蛛投胎到了一個官宦家庭,成了一個富家小姐,父母為她取了個名字叫蛛兒。一晃,蛛兒到了十六歲,出落成一位楚楚動人的少女。

這一日,皇帝決定在後花園為新科狀元郎甘鹿舉行慶功宴席。宴席上來了許多妙齡少女,包括蛛兒,還有皇帝的小公主長風公主。狀元郎在席間表演詩詞歌賦,大獻才藝,在場的少女無一不被他的才華所折服。蛛兒心想這定是佛祖賜予她的姻緣。

過了些日子,蛛兒陪同母親上香拜佛的時候,正好遇著甘鹿。上完香拜過佛,蛛兒和甘鹿便來到走廊上聊天,蛛兒很開心,認為終於可以和喜歡的人在一起了,但是甘鹿並沒有表現出對她的喜愛。蛛兒對甘鹿說:「你難道不記得十六年前圓音寺蜘蛛網上的事情了嗎?」甘鹿很詫異,說:「蛛兒姑娘,你很漂亮,也很討人喜歡,但你的想像力未免豐富了一點吧。」就完就離開了。

幾天後,皇帝下詔,命新科狀元甘鹿和長風公主完婚,蛛兒和太子芝草完婚。這一消息對蛛兒如同晴天霹靂,幾日

來,她不吃不喝,生命危在旦夕。太子芝草知道了,急忙趕來,撲倒在床邊,對奄奄一息的蛛兒說道:「那日,在後花園眾姑娘中,我對你一見鍾情,我苦求父皇,他才答應。如果你死了,那麼我也不活了。」說著就拿起寶劍準備自刎。

這時,佛祖來了,他對快要出殼的蛛兒的靈魂說:「蜘蛛,你可曾想過,甘露(甘鹿)是風(長風公主)帶來的,最後也是風將它帶走的。甘鹿是屬於長風公主的,他對你不過是生命中的一段插曲。而太子芝草是當年圓音寺門前的一棵小草,他守護了你三千年,愛慕了你三千年,但你卻從沒有低下頭看過它。蜘蛛,我再問你,世間什麼才是最珍貴的?」

蛛兒一下子大徹大悟,她對佛祖說:「世間最珍貴的不是『得不到』和『已失去』,而是能把握現在的幸福。」

剛說完,佛祖就離開了,蛛兒的靈魂也回位了。她睜開眼睛,看到正要自刎的太子芝草,馬上打落寶劍,和太子深情地抱在一起……

世間最珍貴的不是「得不到」和「已失去」。當我們長久為那個根本得不到的人駐足,或者為那個已失去的人黯然心傷時,我們可能失去了最美好的感情,那就是眼前人。當那個「愛我的人」因失望而選擇離開時,我們才驀然驚醒:原來他(她)才是上天許給我的姻緣。緣分天注定,「得之我幸,不得我命」。

第四章　只想和你好好過

　　雖說愛情需要用心去等候和追求，然而生命也常常在這種固執的等待中悄然流逝了，我們卻從未將心思放在如何去珍惜身邊的和已經擁有的人。其實有時候苦苦追尋的幸福就在身邊。

追求幸福的路，別走得太坎坷

俗話說得好，有意栽花花不發，無心插柳柳成蔭。對幸福的追求也是這樣，並不是想到就能得到的。

有一位高僧是一座大寺廟的住持，因年事已高，心中思考著找接班人。

一日，他將兩個得意弟子叫到面前，這兩個弟子一個叫慧明，一個叫塵元。高僧對他們說：「你們倆誰能憑自己的力量，從寺院後面懸崖的下面攀爬上來，誰將是我的接班人。」

慧明和塵元一同來到懸崖下，那真是一面令人望而生畏的懸崖，崖壁極其險峻、陡峭。身體健壯的慧明信心百倍地開始攀爬，但是才過一會，他就從上面滑了下來。慧明爬起來重新開始，儘管他這一次小心翼翼，但還是從懸崖上面滾落到原地。慧明稍事休息後又開始攀爬，儘管摔得鼻青臉腫，他也絕不放棄……

讓人遺憾的是，慧明屢爬屢摔，最後一次他拼盡全身之力，爬到一半時，因氣力已盡，又無處歇息，重重地摔到一塊大石頭上，當場昏了過去。高僧不得不讓幾個僧人用繩索將他救了回去。

第四章　只想和你好好過

　　接著輪到塵元了，他一開始也和慧明一樣，竭盡全力向崖頂攀爬，結果也屢爬屢摔。塵元緊握繩索站在一塊山石上面，他打算再試一次，但是當他不經意地向下看了一眼以後，突然放下了用來攀上崖頂的繩索，整了整衣衫，拍了拍身上的泥土，扭頭向著山下走去。

　　旁觀的眾僧都十分不解，難道塵元就這麼輕易地放棄了？大家對此議論紛紛，只有高僧默然無語地看著塵元的背影。

　　塵元到了山下，沿著一條小溪流順水而上，穿過樹林，越過山谷……最後沒費什麼力氣就到達了崖頂。

　　當塵元重新站到高僧面前時，眾人還以為高僧會痛罵他貪生怕死、膽小怯弱，甚至會將他逐出寺門，誰知高僧卻微笑著宣布塵元為新一任住持。眾僧皆面面相覷，不知所以。

　　塵元向其他人解釋：「寺後懸崖乃是人力不能攀登上去的，但是只要於山腰處低頭看，便可見一條上山之路。師父經常對我們說『明者因境而變，智者隨情而行』，就是教導我們要知伸縮退變啊！」

　　高僧滿意地點了點頭說：「若為名利所誘，心中則只有面前的懸崖絕壁。天不設牢，而人自在心中建牢。在名利牢籠之內，徒勞苦爭，輕者苦惱傷心，重者傷身損肢，極重者粉身碎骨。」

　　然後，高僧將衣缽錫杖傳交給了塵元，並語重心長地對

追求幸福的路，別走得太坎坷

大家說：「攀爬懸崖，意在考驗你們的心境，能不入名利牢籠，心中無礙，順天而行者，便是我中意之人。」

生活中我們似乎都在不斷地攀爬這塊通往幸福之路的絕壁，碰得頭破血流也要往上爬。實際上，有些絕壁根本就爬不上去，但是我們總以為自己只要堅持就可以。而如果我們能夠像僧人塵元一樣回頭看一看，或許會發現另一條可以通往崖頂的路。

有時候我們追求幸福，卻發現通往幸福的路異常艱難，甚至此路不通，但是我們卻只顧著低頭走路，而不回頭看是否還有別的路可以走。一個人愛上一個不該愛的人，但總是執迷不悟，認為自己是對的，常常為此傷心淚流；一段沒有結果的愛就如同攀爬這根本上不去的懸崖，沒有結果，而且自己隨時可能掉下來摔個粉碎。

有些人被金錢所惑，找伴侶一味地要找有錢人，一味地以此為標準，最終錯過了不少更好的人，過了結婚的年齡，匆匆地結婚，婚姻也不是很幸福。而在開始的時候如果回頭，看看這條路通不通，最終也不至於是這個結果。人有時候過於天真，認為自己都是對的，急功近利地追求幸福，卻往往得不到幸福；而那些很泰然的，懂得變通的人往往會獲得意想不到的幸福。

第四章　只想和你好好過

　　莊子在〈逍遙遊〉中所寫的「至人無己，神人無功，聖人無名」正是最好的總結。逍遙是一種最難得的人生狀態，不穿越「財」的浮塵霧障，幸福永遠是不可企及的。幸福就在遠方等你，等你超越富貴的浮雲，追求幸福本身時，你才可能獲得它。

請一定溫柔地對他

　　愛就如一棵常青樹,千百年來讓眾多痴男怨女為之欣喜,為之憔悴。〈牡丹亭〉中杜麗娘為情痴,為情怨,因情逝,又因情復生。古之文人墨客、帝王將相也都難逃美人關,玄宗懷念楊貴妃之時,亦老淚縱橫。

　　有人寫了這樣一首詩:

告訴我,愛情是什麼?

是清泉,是小溪;

那裡有幸福的淚花

也有悔恨的淚水。

是那悠悠的鐘聲;

有一天,它終會把你我

送上天堂,或送進地獄。

朋友,這 —— 就是愛情

告訴我,愛情究竟是什麼?

是陽光混雜著雨水,

是牙疼攪和著美味,

第四章　只想和你好好過

是遊戲彼此勝負難分，

是少女外在的嬌羞、內心的願意。

朋友，這 —— 就是愛情。

愛如空氣，看不到形狀卻能感覺到它的氣息，甜蜜有時，悲傷有時，寂寞也有時，抑或刻骨銘心，抑或曇花一現。有人說它是苦的，但即使再苦也有不少人甘願嘗試這杯苦水。在快樂中有傷痛，在苦痛中品嚐幸福。幸運的愛情是最甜蜜的，不幸運的愛情就如蜜糖裡的毒藥，毒性最大。愛情產生後會讓人變得愛笑，對著鏡子傻笑，想著對方說的每一句話，每一個看你的眼神，痴痴地笑。

問世間情為何物？沒人說得清，卻都能感受得到。

一個男孩對一個女孩說：「如果我只有一碗粥，我會把一半給我的母親，另一半給你。」小女孩喜歡上了小男孩。那一年他十二歲，她十歲。他們的村子被洪水淹沒了，他不停地救人，有老人，有孩子，有認識的，有不認識的，唯獨沒有去救她。當她被別人救出後，有人問他：「你既然喜歡她，為什麼不救她？」他輕輕地說：「正是因為我愛她，我才先去救別人。她死了，我也不會獨活。」於是他們在那一年結了婚。那一年他二十二歲，她二十歲。

許多年過去了，他和她為了鍛鍊身體一起學習氣功。這時他們搬到了市區，每天早上搭公車去市中心的公園，當一

請一定溫柔地對他

個年輕人讓座給他們時,他們都不願坐下而讓對方站著。於是兩人靠在一起抓著扶手,臉上都帶著滿足的微笑,車上的人竟不由自主地全都站了起來。那一年,他七十二歲,她七十歲。

她說:「十年後如果我們都死了,我一定變成他,他一定變成我,然後他再來喝我送他的半碗粥!」

真愛與「我愛你」無關,與金錢無關,與地位無關,與容貌無關⋯⋯它僅存於一碗粥,一碗湯麵,一個座位,一次相視而笑之間。在漫漫長夜中,只要有那個人相伴就足夠了;在人生的各種難關中,只要有那個人相伴就可以了。真愛博大深邃,用生命的力量守候著你的愛人,十年、二十年⋯⋯情不死,愛永存。

「問世間情為何物,直教人生死相許」,愛情的力量不斷激發著兩個生命的快樂,從相識到相戀再到最終相伴。人生若舟,常常漂泊不定;愛情如槳,推波助瀾,在平淡的生活中蕩起漣漪。真愛美好、寶貴,人們為愛沉醉,因愛幸福。

第四章　只想和你好好過

愛情與婚姻的溫差

　　婚姻生活遠比愛情來得更長久、更細緻、更現實。婚姻能夠徹底地改變一個女人，從外表到內心。愛情和婚姻的溫度是不同的，愛情是滾燙的，而婚姻卻是溫暖的，許多人正是由於無法適應婚姻與愛情的溫差，而讓雙方的感情越走越遠。

　　一對曾經讓人羨慕不已的戀人，在結婚一年後吵吵鬧鬧地走上了法庭，要求離婚。朋友、家人都十分驚訝，力圖勸說他們：「相戀五年，多少次花前月下，為什麼反目成仇呢？」妻子委屈地說：「他曾說愛我一輩子，可是現在他寧肯欣賞那些街上的漂亮女孩，回到家，也懶得看我一眼，還挑三揀四。」丈夫生氣地說：「你不也一樣，在外面都能和顏悅色、溫柔體貼地對待每個人，回到家裡，總是板著臉，絮絮叨叨，總是強詞奪理，越來越像個潑婦！」

　　朋友說：「你們都希望對方永遠愛自己，可是卻忍受不了生活中的平凡瑣事，自己反省一下，是否是這樣的情形？你們有很深的感情基礎，生活應該多製造一些愛的氛圍，平凡的生活也有其獨特的魅力，試著去尋找吧！」

　　婚姻是由無數個瑣碎的細節疊加而成的，所以說瑣碎的生活成就了愛情的永遠。在瑣碎中，發現樂趣，在瑣碎中互

愛情與婚姻的溫差

相諒解,這是擁有美滿婚姻的寶典。

一位社會學博士生,在寫畢業論文時糊塗了,因為他在歸納兩份相同性質的資料時,發現結論相互矛盾。一份是雜誌社提供的四千八百份調查表,問題是:什麼在維持婚姻中有著決定作用,是愛情、孩子、性、收入,還是其他?百分之九十的人答的是愛情。可是從法院提供的數據來看,根本不是那麼回事,在四千八百件協議離婚案中,真正因感情徹底破裂而離婚的不到百分之十,他發現他們大多是因小事而分開的。看來真正維持婚姻的不是愛情。

例如0001號案例:這對離婚者是一對老人,男生是教師,女生是醫生。他們離婚的原因是,男生嗜菸,女生不習慣。女生是素食主義者,男生受不了。

再比如0002號案例:這對離婚者大學時曾是同學,上學時有三年的戀愛歷程,後來分在同一個城市,他們結婚五年後離異。原因是,男生的父母身體不好,姐妹又多,大事小事都要靠他,同學朋友都進入小康行列,他們一家還過著貧困的日子,女生心裡不順,經常吵架,結果就分手了。

再比如第4800號案例:這一對夫婦結婚才半年,男生是警察,睡覺時喜歡開窗,女生不喜歡。女生是護理師,喜歡每天洗一次澡,男生做不到。兩個人為此經常鬧矛盾,結果協議離婚。

第四章　只想和你好好過

　　本來這位博士以為他選擇了一個輕鬆的題目，拿到這些實際數據後，他才發現《愛情與婚姻的辯證關係》是多麼難做的一個課題。他去請教他的指導老師，指導老師說，這方面的問題最好去請教那些金婚老人，他們才是專家。於是，他走進大學附近的公園，去結識來此晨練的老人。可是他們的經驗之談令他非常失望，除了寬容、忍讓、賞識之類的老調外，在他們身上他也沒找出愛情與婚姻的辯證關係。

　　不過，在比較中他有一個小小的發現，那就是：有些人在婚姻上的失敗，並不是找錯了對象，而是從一開始就沒弄明白，在選擇愛情的同時，也就選擇了一種生活方式。就是這種生活方式，決定著婚姻的和諧與否。有些人沒有看到這一點，最後使本來還愛著的兩個人走向了分手。走進婚姻，不意味著放棄愛情，雖然愛情是熱烈的、滾燙的，婚姻是真實的、溫暖的。其實，只要二者真正融合，你就會發現這才是人生最舒服的溫度。

人生那麼美好，何必爭爭吵吵

「愛出者愛返，福往者福來」，你送出一份愛，就會收穫更多的溫馨；尊敬別人，別人自然會尊重你。

「愛人者，人恆愛之；敬人者，人恆敬之。」孟子這句話的意思是說，愛人的人，別人也會愛他；尊敬別人的人，別人也總是尊敬他。你怎樣對待別人，別人也往往會用同樣的態度對待你。

以他人善待自己的方式對待他人，不僅禪宗、儒家、道家這樣教導，西方的古代先賢也是這樣忠告後人的。

的確，良言一句三冬暖，惡語傷人六月寒。

仙崖禪師在外出路上，遇到一對夫婦吵架。

妻子：「你算什麼丈夫，一點都不像男人！」

丈夫：「你罵，你若再罵，我就打你！」

妻子：「我就罵你，你不像男人！」

這時，仙崖禪師聽後就對過路行人大聲叫道：「你們來看啊，看鬥牛，要買門票；看鬥蟋蟀、鬥雞都要買門票；現在鬥人，不用門票，你們來看啊！」

夫妻仍然繼續吵架。

第四章　只想和你好好過

丈夫：「你再說一句我不像男人，我就殺人！」

妻子：「你殺！你殺！我就說你不像男人！」

仙崖：「精采極了，現在要殺人了，快來看啊！」

路人：「和尚！亂叫什麼？夫妻吵架，關你何事？」

仙崖：「怎不關我事？你沒聽到他們要殺人嗎？殺死人就要請和尚念經，念經時，我不就有紅包拿了嗎？」

路人：「真是豈有此理，為了紅包就希望殺死人！」

仙崖：「希望不死也可以，那我就要說法了。」

這時，連吵架的夫婦都停止了吵架，雙方不約而同地圍上來聽仙崖禪師和人爭吵什麼。

仙崖禪師對吵架的夫婦說教道：「再厚的寒冰，太陽出來時都會融化；再冷的飯菜，柴火點燃時都會煮熟。夫妻，有緣生活在一起，要做太陽，照亮別人；做柴火，溫暖別人。希望賢夫婦要互相敬愛！」

俗世中的人，往往執著於一時的對與錯，而不能站在另一種人生高度來看待彼此之間的關係以及對與錯的真正意義。一個人如果能清醒地認知自己和他人的關係，就一定能夠善待他人，尤其是自己的親人、愛人。但事實往往恰恰相反，在遇到挫折或者內心煩亂的時候，人最不能放過的正是自己的親人。於是，生活中有了喋喋不休的埋怨、爭吵，有了傷心、煩亂。然而，等到冷靜下來才發現，吵得熱烈的早

已不是最初的那件煩心的事了。繞了一圈,也沒有找回想要的那份認可、那份同情、那份價值。

煩躁的現代人更需要寧靜的高山流水,而人們卻在爭吵中度過了一天又一天,得不償失。吵架,讓人的智商嚴重降低,也損毀了平日的形象,發洩後是更大的失落。

所以,女人不要再吵架,安靜下來,讓頭腦放鬆,讓怒火平息,一切終將歸於平淡……像一位名人所說的那樣,「忘記自己」。問問自己,目前的煩惱能左右你前面的路甚至一生嗎?除了這些煩心的事,還有別的事情需要你去完成嗎?然後,聽聽樹上小鳥的歡鳴,嗅嗅院子裡的花香,會發現:原來,一切都還是那樣富有生機,心裡有太陽,陽光就一直都在。

第四章　只想和你好好過

第五章

生活要你低頭,
是為了讓你戴上王冠

第五章　生活要你低頭，是為了讓你戴上王冠

以清淨心看世界，以歡喜心過生活

女人，這個富有詩意而又溫柔的名字，總是能讓人聯想到婀娜多姿、千嬌百媚、妊紫嫣紅、溫婉賢淑……但最具有迷人韻味的是這樣的女人：她清新、淡然，她有氣質、有內涵，她有一種超脫世俗的通透智慧，不會泯然眾人卻又不遺世獨立。

「通透是一種表面以外的東西，是氣定神閒的雅緻，是雲淡風輕的飄逸，是耐人尋味的質樸，是遠離喧囂的純淨。」通透的女人，自帶一種端莊的氣質、深厚的內涵、良好的修養，悠遠從容，溫和靜好。

「以清淨心看世界，以歡喜心過生活，以平常心生情味，以柔軟心除罣礙。」著名作家林清玄的這句名言告訴我們，人生的事，不必事事在意，時時憂心。以一顆平常心對待，就是最通透的處世態度。

有兩個不如意的年輕人，一起去拜望一位禪師：「師父，我們在辦公室總被欺負，太痛苦了，求您開示，我們是不是該辭掉工作？」兩個人一起問。

禪師閉著眼睛，隔半天，吐出五個字：「不過一碗飯。」

以清淨心看世界，以歡喜心過生活

就揮揮手，示意兩個年輕人退下。

回到公司，其中一個人遞上辭呈，回家種田，另一個卻沒動。

日子真快，轉眼十年過去。回家種田的，以現代方法經營，加上品種改良，居然成了農業專家。另一個留在公司裡的，也不差，他忍著氣、努力學，漸漸受到器重，從普通員工晉升為部門經理。

有一天，兩個人相遇了。「奇怪！師父給我們同樣『不過一碗飯』這五個字，我一聽就懂了，不過一碗飯嘛！日子有什麼難過？何必硬賴在公司？所以辭職。」農業專家接著問另一個人，「你當時為什麼沒聽師父的話呢？」

「我聽了啊！」那位部門經理笑道，「師父說『不過一碗飯』，多受氣、多受累，我只要想『不過為了混碗飯吃』，老闆說什麼是什麼，少賭氣、少計較，就成了！師父不是這個意思嗎？」

兩個人又去拜望禪師，禪師已經很老了，仍然閉著眼睛，隔半天，答了五個字：「不過一念間。」然後，揮揮手……

沒有一樣東西是可以完全真正抓住的，無論是物還是人。因此不必斤斤計較，刻意追逐，默默地為工作、學習、生活努力，兢兢業業，足以維持體面。人生需要執著，但更重要的還是隨緣。我們只要放下過高的期望和過多的執念，

第五章　生活要你低頭，是為了讓你戴上王冠

順其自然地享受生命過程中的一切，謝絕繁華，回歸簡樸，平實地處世，就能達到「人淡如菊，心淡如水」的境界。

在煩亂的世界裡，做一個通透的女子，只聞花香，不談悲喜，喝茶讀書，不爭朝夕。不浮躁，不矯作，執一顆恬淡的心，與世界溫暖相擁！

通透的女子自尊、自愛、自強，她們有自己的喜好，有自己的原則，有自己的信仰，不急功近利，不浮誇輕薄，寵辱不驚，心靜如水。她們有自己一套待人接物的方法，不會為了別人而刻意改變自己，坦坦蕩蕩，清清爽爽。

通透的女子不強求榮華富貴，不比較名車豪宅，知足於清淡的日子。不是不追求，只是不去強求，從容地享受著內心的寧靜。她們總是有條不紊、盡心盡力地做著自己喜歡的事情。她們簡簡單單地活著，凡事順其自然，遇事處之泰然，不會太過興奮而忘乎所以，也不會太過悲傷而痛不欲生。

通透的女子總是微笑著面對一切困難。她們不為日常瑣事而憂心，不為生活的壓力而焦慮，不為一時的榮辱得失而坐立不安。得意時，她們告訴自己勝不驕，繼續走好未來的路；失意時，她們暗暗鼓勵自己，不要太在意過去，一直向前看；挫折在前，她們告誡自己重新振作，適應新的變化。她們努力讓自己溫暖、堅強、靜默、快樂地活著……

通透的女子會用閒暇時光去豐富自己的內心，她們樂於學習，喜歡讀書，骨子裡充滿了一股淡淡的墨香。或許她們還會練瑜伽、學攝影、學插花，只要是關於美的東西，她們都會不懈地追求。不一定琴棋書畫樣樣精通，只是要讓自己多經歷一些事，多明白一些道理。

　　通透的女子堅信愛情是一件寧缺勿濫的事，有或沒有都坦蕩，期待兩個人，不怕一個人。她們對待愛情的態度是：不攀附、不將就。有愛情，便全心對待；沒有愛情，也一個人愜意。有愛無愛，都安然對待。她們的一切，都剛剛好。

　　通透的女子如秋葉般靜美，像丁香般淡雅，有水的柔情，有雲的飄逸，攜一份淡然於心，灑脫地行走在塵世間，不要轟轟烈烈，只求安安心心。她們活得簡單而有滋味、真實而又美好。她們不招搖，不放縱，用一顆雲水禪心，淺淺而行。

　　一個通透的女子，是一本讓人愛不釋手的書。願世間的每一個女子都能以一種通透的智慧面對塵世，洗去鉛華，沉澱浮躁，成為一個優雅的女人，一個有韻味的女人，一個從內心深處能帶給別人淡雅幽香的女人。

第五章　生活要你低頭，是為了讓你戴上王冠

不平靜，不快樂

女人，平心靜氣的時候最美。平和的心態帶來高雅的氣質，生氣只會破壞女人的形象，與其聲嘶力竭，不如莞爾一笑，明天還沒到來，急什麼。人生得意淡然，失意也淡然。

通透的女人，體現在心態淡定，她們會時時傾聽自己的內心，誠實地面對自己真實的感受和欲念，明確地知道自己想要的，不曲意承歡，不委曲求全。她們知道只有這樣愛自己，才能體會到愛的真實意義，才有能力去愛別人。

生命帶給了你什麼磨難，也必然會回饋你什麼，不要著急，在等待的過程中學會愛自己。當女人開始愛自己，就開始體會到生命的真諦了，這時的女人便不再苛求，更不輕易妥協。告訴自己：自信些，勇敢些，讓思想和血液流動得更快一些。有計畫、有步驟地去做自己，活出自己的本色，做個淡定、勇敢的女人。淡定、勇敢的女人是美麗的，如空谷幽蘭，暗香浮動。

女人要學會愛自己，只有一直妥善地保護自己內心的純淨，才能抵抗過多的誘惑和墮落。這樣女人才能做到將真誠、純潔、乾淨的愛贈予自己所愛的人，同時也能保證自己

不平靜，不快樂

的家庭和事業都向著好的方向發展，這才是真正的幸福。女人用三分之一的心思去愛一個男人，用另外三分之一的心思去愛世界和生活本身，再用那剩下的三分之一心思來愛自己。只有這樣做的女人，才不會辜負自己的一生，才能用平靜淡定的心情去享受生活。

平和的女人，要求的不是那麼多，不會動輒嫉妒別人的富貴和幸運，不會因為追求物質就向自己不斷施壓。雖然同樣感慨社會多變、人生無常，平和的女人卻懂得守住內心的一點淡泊。

人生的樂園裡有的不應是金錢、權力、身分、地位，而應是自由、歡愉、悠然和樂觀。最美的人生應有最美的思想，最美的思想裡有一種就叫閒適與豁然。平靜、淡定、不驕不躁、不爭不搶，安安靜靜地享受生命。當我們學會寬容、隱忍、不爭，內心自然平靜祥和。沒有紛爭的內心才是最強大的內心，蘊含淡定、低調的生活才是最真實的生活。得意不忘形，失意仍淡然，天下大智莫若不爭，放淡悲苦從容應對，靜心體會生之芳華。

人生在世，成敗得失，高低榮辱，都是人生的滋味。

女人如品味過這諸般滋味，即能體會人生樂趣，然後心態沉穩了，淡定了，明白了雲水隨緣且自在。女人容易對愛情深陷其中，來來往往，浮浮沉沉，失了淡定平和的心。殊

第五章　生活要你低頭，是為了讓你戴上王冠

不知愛可以不糾結，執子之手，在平淡的流年裡守候幸福，一份淡泊，一份寧靜，深入細緻地品味漫漫人生，從容生活，享受那平淡樸實的幸福，讓靈魂在大地上詩意地棲居，浮生若茶香，繁華落盡也笑對。

壞情緒只會拉低你的生活層次

一個週末的傍晚,凱勒在陽臺上整理白天拿出來晾晒的舊書,正巧看見與她家相隔一條防火巷的鄰居在陽臺上洗碗。

鄰居動作十分俐落,水聲與碗盤聲鏗鏘作響,像是在發洩她內心深處的不平與埋怨。

這時候,她丈夫從客廳端來一杯熱茶,雙手捧到她面前。

如此感人的畫面,差點讓凱勒落淚。

為了不驚擾他們,凱勒輕手輕腳地收起書本往屋裡走。正要轉身時,聽到女人說:「別在這裡假好心了!」

丈夫低著頭又把那杯茶端回了屋裡。

凱勒想,那杯熱茶一定在瞬間冷卻了,像他的心。

繼續洗碗的鄰居還是邊洗邊抱怨:「端茶來給我喝?少惹我生氣就行了。我真是苦命,早知道結婚要這麼做牛做馬,不如出家算了。」

也許她需要的不是丈夫端來一杯熱茶,而是來分擔她的家務。但是,在丈夫對她獻殷勤的時候,實在沒有必要把情緒發洩到對方身上。

第五章　生活要你低頭，是為了讓你戴上王冠

一時的情緒化，常常是你自身幸福的殺手。

有的人只要情緒一來，就什麼都不顧，什麼難聽的話都敢說，什麼傷人的話都敢罵，甚至不計後果，釀出大錯來。這就是人的情緒化。

情緒如同一枚炸藥，隨時可能將你炸得粉身碎骨。遇到喜事喜極而泣，遇到悲傷的事情一蹶不振。人世間的悲歡離合都被人的心緒所左右。

愛、性、希望、信心、同情、樂觀、忠誠、快樂、憤怒、恐懼、悲哀、疼痛、厭惡、仇恨、貪婪、嫉妒、報復、迷信都是人的情緒。情緒可能帶來偉大的成就，也可能帶來慘痛的失敗，人必須了解、控制自己的情緒，勿讓情緒左右了自己。

西方有句諺語：「你不能平息海浪，但可以學著乘浪而行。」情緒來臨，與其遠離，不如更往裡去，與情緒共舞。

很好地控制自己的情緒，取決於一個人的氣度、涵養、胸懷、毅力。氣度恢宏、心胸博大的人都能做到不以物喜，不以己悲。

激怒時要疏導、平靜；過度快樂時要收斂、抑制；憂愁時宜釋放、自解；思慮時應分散、消遣；悲傷時要轉移、娛樂；恐懼時尋支持、幫助；驚慌時要鎮定、沉著……情緒修練好，心理才健康，身體才健康。

壞情緒只會拉低你的生活層次

　　吳小姐是個控制情緒的高手。她的優雅美麗來自一份健康的心態。她認為，心裡不暢快，一定要與人溝通、釋放不快。如果一個人習慣用自己的優點和別人的缺點比，對什麼都不滿意，卻不對任何人說，日積月累，不但她的心情很糟糕，她的皮膚也會粗糙，美貌當然會減半。所以，有不開心、不順心的，她一定會找一個傾訴的夥伴。不但自己能一吐為快，朋友也能從旁觀者的角度給她建議，讓她豁然開朗。在工作中，她更善於控制情緒，讓工作成為好心情的一部分。工作上常常遇見刁鑽、挑剔的客人，她總是能夠讓他們滿意而歸。她的祕訣就是自己要控制好情緒，不要被急躁、憂愁、緊張等負面情緒所左右，換位思考，樂於溝通。

　　做自己情緒的主人，是她生活的準則，也是她事業成功的祕訣。

　　很多時候，學識、財富並不能帶來生活層次的提高，能適度地表達和控制自己的情緒，才是一個人最大的福氣。人有喜怒哀樂不同的情緒體驗，不愉快的情緒必須釋放，以求得心理上的平衡。但不能過分發洩，否則，既影響自己的生活，又加劇了人際矛盾，於身心健康無益。

　　當女人遇到意外的溝通情境時，就要學會運用理智和自制，控制自己的情緒，這才是一個通透的女人會做的事，而輕易發怒只會造成負面效果。

　　焦慮的時候，理智地分析原因，冷靜地恢復自信心，使

第五章　生活要你低頭，是為了讓你戴上王冠

自己振作，擺脫主觀臆斷。抑鬱的時候，郊遊、運動、與人交談、讀書寫字、聽音樂、賞畫等能夠轉移「視線」，健康有益的活動，往往對人產生良性刺激，使你得以解脫。憤懣的時候，增強對自我價值的認知，不妨暫且鬆懈乃至放棄一下競爭的積極性，讓自己得到「緩衝」，減輕一下環境的刺激。嫉妒的時候，讓自己擁有一顆寬容的心，試著去欣賞別人的成功與優秀，勿把時間、生命、精力浪費在議論別人身上。

面臨困境，不要讓負面情緒占據你的頭腦。保持樂觀，將挫折視為鞭策前進的動力，遇事多往好處想，多聆聽自己的心聲，為自己留一點時間，平心靜氣地想一想，努力在負面情緒中加入一些正向的思考。

累了，去散步一會。到野外郊遊，到深山大川走走，散散心，極目綠野，回歸自然，洗滌一下胸中的煩惱，清理一下渾濁的思緒，淨化一下心靈塵埃，喚回失去的理智和信心。

唱一首歌。一首優美動聽的抒情歌，一曲歡快輕鬆的舞曲或許會喚起你對美好過去的回憶，引發你對燦爛未來的憧憬。

讀一本書。在書的世界遨遊，將憂愁悲傷通通拋諸腦後，讓你的心胸更開闊，氣量更豁達。

看一部精采的電影，穿一件漂亮的新衣，吃一點最愛的

零食……不知不覺間，你的心不再是情緒的垃圾場，你會發現，沒有什麼比被情緒左右更愚蠢的事了。

近年來的年輕人，他們對待什麼事物都是「都行、可以、沒關係」，有人覺得這是「喪」的表現，但我卻認為這是一種從容、一種通透、一種豁達。通透的女人也具備這種「喪」的睿智，處世淡然，什麼都行，什麼都接受得了，從來不會被情緒拉低自己的生活層次。

第五章　生活要你低頭，是為了讓你戴上王冠

想開，看淡，重新開始

有個書生和未婚妻約好在某年某月某日結婚，但到了那一天，未婚妻卻嫁給了別人。書生為此備受打擊，一病不起。

一位過路的僧人得知這個情況後，便決定點化一下他。僧人來到他的床前，從懷中摸出一面鏡子讓書生看。

書生看到茫茫大海邊，一個遇害的女子一絲不掛地躺在海灘上。

路過一人，看了一眼，搖搖頭走了。

又路過一人，將衣服脫下，替女屍蓋上，走了。

再路過一人，過去，挖個坑，小心翼翼地埋了屍體。

書生正疑惑間，畫面切換。書生看到自己的未婚妻，洞房花燭，被她的丈夫掀起了蓋頭。書生不明就裡，就問僧人為何讓他看如此景象。僧人解釋說：「那具海灘上的女屍就是你未婚妻的前世。你是第二個路過的人，曾給過她一件衣服，她今生和你相戀，只為還你一個情。但她最終要報答一生一世的人，是最後那個安葬她的人，那個人就是她現在的丈夫。」

書生聽後豁然開朗，病也漸漸地好了。

書生為什麼會病倒?就因為他太在乎、太執著,對未婚妻始終放不下。當僧人向他解釋了未婚妻的情況後,他就能從心底將這件事放下,病自然也就好了。

魯迅先生曾寫過一篇文章〈無常〉,無常就是沒有定數,是佛對這個變動不居的世界的經典概括。釋迦牟尼告誡世人,一個人要學習超然物外,不要執著於萬事萬物,因為塵世間萬事萬物均是無常。

禪宗說過一句話:「如蟲御木,偶爾成文。」意思是說,有一隻蛀蟲咬樹的皮,人們忽然發現蛀蟲咬的形狀構成了花紋,看上去好像是鬼神在這棵樹上畫了一個符咒。其實,那都是偶然,偶然成文似錦雲。這就說明一切聖賢的說法以及佛的說法都是對機說法,都是偶然成文,過後一切不留。既然世間的一切都是偶然成文的,還有什麼好執著的呢?

人們常常會因為親人的離去、失去一段戀情等而傷心不已,以致於很長時間都不能從這樣的悲傷中走出來,無限制地放大了自己的情緒,不僅讓自己難受,也讓別人難受。而生活總是在正常和無常中度過的,生老病死是很正常的事情,失去戀情是無常中的正常。人與人之間的緣分就如同書生與他未婚妻之間的緣分一樣,有離開的,肯定也會有為你駐足的。所以,你完全不必沉溺於自己設定的傷感氛圍中,一切的傷感、不平都是因為過於執著。看淡了,心靈才能釋

第五章　生活要你低頭，是為了讓你戴上王冠

然，心情才會好；想開了，精神才能超然，日子才快樂。

生活中注定有悲傷與快樂，人如果總盯著不快樂的事情，那麼幸福和開心只會躲著你走，你體驗到的也只有悲傷。忘記悲傷，重新開始才是正確的選擇。

人生本無常，又何必太執著？生命中有太多的偶然，茫茫宇宙有太多的不確定。我們像魚一樣生活在塵網中，越掙扎越緊。回頭想一想，我們要做的不是如何衝破這網羅，而是應該學習怎樣超脫塵網，不被它罩住。

守一顆恬然淡定的心

　　人的一生，得意與失意相生相隨、相輔相成，沒有得意就沒有失意，沒有失意何來得意？淡定的女人不在意得失，無論是高潮還是谷底，總能有條不紊地生活，兢兢業業地工作。身為一個現代女性，更要以「成之欣然、失之淡然」的心態面對人生，從而在生活中怡情養性，在工作中從容恬雅。

　　人的一生不可能平坦如意，成之欣然、失之淡然的女人，不管遇到什麼困難、挫折、意外，從不悲觀，從不灰心，從不失志，總是坦然、快樂地歷經人生的里程。這樣的女人反而更能在逆境中頑強地邁進。

　　人生的境遇並沒有絕對的好壞之別，而常人眼裡之所以有順逆、褒貶等種種色彩，是源於內心的主觀感受。境由心生，一切唯心造。我們應當不逃避，不強求，任由世事變遷，寵辱皆不驚，以一顆恬然、淡定的心，泰然處之。

　　很久以前，在一座古老的山上有一座破舊的廟，廟裡面住著師徒四人。三個弟子跟著師父修行。這天，師父為考驗弟子們的修行功夫，對三個弟子說：「你們都隨我來。」三個弟子相繼隨師父來到廟門口，並按師父的要求依次站在兩棵樹前。

第五章　生活要你低頭，是為了讓你戴上王冠

　　這是兩棵不知道長了多少年的老樹了，其中一棵還不到秋天枝幹就枯瘐了，葉子也凋零得所剩無幾，似乎快要死了。另一棵則鬱鬱蔥蔥，深綠的葉子像塗了層蠟似的，在陽光下泛著耀眼的光澤，一副欣欣向榮的樣子。

　　接著，師父提出問題：「你們三個都發表一下自己的看法，在這兩棵樹之中是枯的好，還是榮的好？」

　　大弟子搶先回答：「榮的好，因為它有著旺盛的生命力！」師父聽完沒有說話。

　　二弟子接著說：「枯的好，因為它的身體可以用來製作各種家具！」

　　師父搖了搖頭。

　　誰知最小的弟子沉思片刻，卻不急不緩地說：「枯也隨它，榮也隨它……」

　　師父這才露出了讚許的一笑。

　　樹是這樣，人生也是如此。得意時，女人需要提醒自己，不忘形，宜淡然，不得志驕橫；失意時，不變形，宜泰然，不悲觀失望。得意和自負時，需要的是淡然，為自己留一條退路；失意和沒落時，需要的是泰然，為自己覓一條出路。

　　曾子說：「知止而後有定，定而後能靜，靜而後能安，安而後能慮，慮而後能得。」其實，淡然放下是積極向上的人生態度，是人生更高的境界。

守一顆恬然淡定的心

一個圓環身上丟失了一個零件,因為缺少這個零件,它的滾動非常緩慢。為了能夠像以前一樣快速地旋轉,它決定去尋找這個部件。在尋找的途中,由於它行走得非常緩慢,一路上它才有機會欣賞沿途的鮮花,它不僅與陽光對話,和蝴蝶伴唱,還與一起行走在地上的小蟲聊天……

而這一切是它在完整無缺、快速滾動時無法注意、沒能享受到的。但當它找到那個部件後,因為滾得太快,它失去了所有的朋友,不能從容欣賞花,也沒有機會聊天,一切都變得稍縱即逝。圓環這才明白,得到這個部件後雖然旋轉的速度加快,但再沒了失去這個部件時的樂趣。

「花開花落終有時」,塵世間的一切都有它的所得和所失。要做一個「成則淡然,失則泰然」的女人,就必須做到在成功時不狂妄浮躁,絕望時不失魂落魄,不意氣用事。只有用平常心淡然處世,方能舉重若輕,這才是通透的真諦。

生活對人是平等的,在你得到快樂的同時,痛苦也許正在虎視眈眈。淡然處世,是對人生的寬容。絢爛至極歸於平淡,不是平庸之平,而是素淨質樸、寧靜深沉,是深邃的執著,是內心的祥和,是深入的淡定,是人生境界的極致。

「智者樂水水無涯,仁者樂山山如畫。」從容、淡定的女人可以將自己的生活安排得如此詩意:在細雨朦朧中漫步在小石橋上;在春風蕩漾中划動小竹筏;她們不為俗世所誘惑,而獨守著明月翩翩起舞。這才是真正的歷練,一種經過生活

第五章　生活要你低頭，是為了讓你戴上王冠

漂染、歲月過濾後的釋然而灑脫的生活態度。

　　試看忙碌的人們，當他們將名、利、祿、情視為人生的最高追求時，卻不知人生的最大的幸福在於內心的淡然和放下，在於退，在於捨。得之淡然，失之坦然，成不傲然，敗不茫然，一切順其自然。人生就是一個潮起潮落的過程，淡然的女人不會患得患失，她們能真正體會快樂人生的真諦！

　　心若淡然如水，人生便如行雲流水。現實中過於執著、忙碌的女人，不妨在心裡留一個自我調整的空間，從而在順境時能淡然，在逆境時能坦然，使人生的步履邁得更從容，邁得更穩健。

順其自然，人舒坦，心舒坦

三伏天，禪院的草地枯黃了一大片。「快撒點草種子吧，好難看啊！」小和尚說。

「等天涼了。」師父揮揮手，「隨時。」

中秋，師父買了一包草籽，叫小和尚去播種。秋風起，草籽邊撒邊飄。

「不好了，好多種子被風吹飛了。」小和尚喊。

「沒關係，吹走的多半是空的，撒下去也發不了芽。」師父說，「隨性。」

撒完種子，有幾隻小鳥來啄食。

「要命了！種子都被鳥吃了。」小和尚急得跳腳。

「沒關係，種子多，吃不完。」師父說，「隨遇。」

半夜一陣驟雨，小和尚一大早衝進禪房：「師父！這下真完了。好多草籽被雨沖走了。」

「沖到哪裡，就在哪裡發芽。」師父說，「隨緣。」

一個星期過去後，原本光禿的地面，居然長出許多青翠的草苗，一些原來沒播種的角落也泛出了綠意。

小和尚高興得直拍手。師父點頭：「隨喜。」

第五章　生活要你低頭，是為了讓你戴上王冠

老和尚有著小和尚沒有的「不以物喜，不以己悲」的心境，他有一顆自由飄逸的心，什麼時候都悠閒自在，任它雲捲雲舒，隨時隨地，隨遇而安。正如詩集中「不繫舟」的意境，與老莊順水推舟的自然安適遙相呼應。登上這葉不繫舟，就能讓生命體驗隨遇而安的大自在，超越繁雜的塵俗纏繞，獲得生命的大飛揚。

生命當如不繫舟。在吵鬧的都市中，我們也渴望內心的那份安寧，渴望那些翠綠的生命的顏色，愜意地呼吸著大自然的空氣，聆聽著大自然的各種聲響，鳥鳴、草木生長的聲音，以及那些淅淅瀝瀝的小雨灑在竹林上的聲音……而我們沒有這樣的心情去欣賞這些。不是不願意，而是沒時間，因為我們總是被很多的事情所牽絆，這些事情總是讓我們寸步難行。

人總是來去不能自由，心境不能自由，心中充滿太多的期待，很期望付出就有回報，甚至堅信付出就有回報，不斷地夢想著成功與勝利，不斷奔走辛勞只為成功，所以生活變得繁複不堪。太多的期待，讓我們疲憊不堪，假如我們看待自己的命運像小和尚的師父對待草籽一樣，任它自由生長，我們的生命就會輕鬆隨性，收穫的就會是意想不到的充實。

而我們的生命常常不是隨性而行，過於敏感的神經，讓自己在做許多事情的時候，總會想到很多的困難，或者遇到事情的時候，總會想「怎麼會是這樣」。一些人的神經常常會

順其自然，人舒坦，心舒坦

被一些小事牽絆，容易為一件事情的好壞而高興或傷感。如果真的不太在意這些事情，隨性而走，就會如同老和尚一樣在得失之間做到泰然自若，那麼也就沒有這麼多的煩惱了。

生活中有許多東西是可遇而不可求的，有時能有某種體驗就足夠了。不完美的才是真實的，正如徐志摩所說：「得之我幸，不得我命，如此而已。」這就是我們應該追求的生活態度──順其自然，不屬於你的，大概永遠也不會屬於你，譬如天上的月亮。你想真正得到你所珍惜的東西最好順其自然。如果它微笑著翩然而至，它將永遠屬於你；如果它無意降臨，你又何必像放風箏似的，死死拽住它不放？

不妨讓很多事情都順其自然，這樣你會發現你的內心漸漸清朗，而思想的負擔也會隨之減輕許多。順其自然可以說是經歷了萬千風雨之後的大徹大悟，是領略了人生的峰迴路轉之後的空靈，也是一種幽幽暗暗、反反覆覆追問之後的無奈。

我們無須妄念紛紛、困惑百出，只要胸襟光明寬闊，坦坦蕩蕩，隨緣任運，與天地精神獨往來，做一名俯仰無愧的行遊者，生死也可隨它去。

隨，不是跟隨，是順其自然。不怨懟，不躁進，不過度，不強求。

隨，不是隨便，是把握機緣。不悲觀，不刻板，不慌亂，不忘形。

第五章　生活要你低頭，是為了讓你戴上王冠

不辯也是大胸襟

在現實生活中，說話是人際溝通中最重要的一種方式。在這個溝通過程中，一來一往，難免有失真之語。誹謗就是失真言語中的一種具有攻擊性的惡意傷害行為。俗語云：明槍易躲，暗箭難防。在很多時候，誹謗與流言並非我們能夠制止的，有人群的地方就有流言。而我們對待流言的態度則顯得尤為重要。正如美國總統林肯（Lincoln）所說：「如果證明我是對的，那麼人家怎麼說我就無關緊要；如果證明我是錯的，那麼即使花十倍的力氣來說我是對的，也沒有什麼用。」

女人用沉默來應對誹謗，讓濁者自濁、清者自清，誹謗最終會在事實面前不攻自破的。在現實生活中，擁有「不辯」的胸襟，就不會與他人針尖對麥芒，睚眥必報；擁有「不辯」的情操，寬恕永遠多於怨恨。

有這樣一個故事：

有位修行很深的禪師叫白隱，無論別人怎樣評價他，他都會淡淡地說一句：就是這樣嗎？

在白隱禪師所住的寺廟旁，有一對夫婦開了一家食品店，家裡有一個漂亮的女兒。夫婦倆發現尚未出嫁的女兒竟

不辯也是大胸襟

然懷孕了。這種見不得人的事,使得她的父母震怒異常。在父母的一再逼問下,她終於吞吞吐吐地說出「白隱」兩字。

她的父母怒不可遏地去找白隱理論,但這位大師不置可否,只若無其事地答道:「就是這樣嗎?」孩子生下來後,就被送給白隱,此時,他的名譽雖已掃地,但他並不在意,而是非常細心地照顧孩子——他向鄰居乞求嬰兒所需的奶水和其他用品,雖不免橫遭白眼,或是冷嘲熱諷,他總是處之泰然,彷彿他是受託撫養別人的孩子一樣。

事隔一年後,這位沒有結婚的媽媽,終於不忍心再欺瞞下去了,她老老實實地向父母吐露真情:孩子的生父是住在附近的一位年輕人。

她的父母立即將她帶到白隱那裡,向他道歉,請他原諒,並將孩子帶回。

白隱仍然是淡然如水,他只是在交回孩子的時候,輕聲說道:「就是這樣嗎?」彷彿不曾發生過什麼事;即使有,也只像微風吹過耳畔,霎時即逝!

白隱為了讓鄰居女兒有生存的機會和空間,代人受過,犧牲了為自己洗刷清白的機會,受到人們的冷嘲熱諷,但是他始終處之泰然,只有平平淡淡的一句話——「就是這樣嗎?」雍容大度的白隱禪師著實令人讚賞景仰。

環視芸芸眾生,能做到遭誤解、誹謗,不僅不辯解、報復,反而默默承受,還甘心為此奉獻付出、受苦受難者有多

第五章　生活要你低頭，是為了讓你戴上王冠

少？這樣的忍耐是黑暗中的光芒。

生活中遭到委屈、受人誤解，總是難免的。當誹謗已經發生，一味地爭辯往往會適得其反，不是越辯越黑便是欲蓋彌彰。還是魯迅先生說得好：沉默是金。的確，對付誹謗最好的方法便是保持沉默，沉默是對自己最好的保護。這個世界上清者自清，濁者自濁，相信，時間自會還你公道。

某房地產公司裡有一個好鬥的女孩子，很多同事在被她攻擊之後不是辭職就是請調。

一天，她的矛頭指向了一個平日只是默默工作、話語不多的女孩，誰知那位女孩只是默默地笑著，一句話沒說。

最後，好鬥的那個女孩只好主動鳴鑼收兵，但她已氣得滿臉通紅，一句話也說不出來了。

過了兩個月，好鬥的女孩竟然自己主動辭職了。

那位女孩的沉默，營造了白居易的詩文「此時無聲勝有聲」的意境，既保持了自己的尊嚴，又在一片寂靜中突顯了挑釁女孩的粗鄙，使她的險惡居心暴露在眾人面前。因此，聰明的女人不會動不動就與人發生爭論，而是用智慧的方式不動聲色地妥善處理好糾紛。

心中有愛的女人向來都是以無聲辯有聲，以無言駁有言。女人一直在付出，一直在奉獻，一直是站在最有理的一方，但是那並非意味著，她們在婚姻中受了委屈會據理力

爭,男人背叛了會歇斯底里。溫柔嫻靜已經內化為對愛的一種詮釋。她們用沉默支撐起一片愛,她們用無言書寫幸福的人生。

因此,當有人惡意攻擊你時,最佳防衛的方式就是「裝聾作啞」。喜歡爭執的女人,請克制自己,不要輕易發怒,像胡適那樣「以無言駁有言」,卻能讓對方自己敗下陣來。懂得隱忍的女人,不為自己煽風點火,就能擁有雲淡風輕的從容生活。

■ 第五章　生活要你低頭，是為了讓你戴上王冠

壓抑時，在冥想中接受

冥想，它的內涵究竟是什麼呢？

冥想要做的就是努力地感知現在。當一個人放棄思考，將注意力全部轉移到呼吸上的時候，冥想自然地就來了。這就是冥想的練習步驟：失去，找回，失去，找回。透過這樣的鍛鍊，可以使人的頭腦變得更加專注。

冥想對於不同的人，各有不同的方式，對於有些人來說，靜坐型冥想就很合適，只需要呼吸就行了；對於有些人來說，靜坐卻是在思考很多的東西；對於有些人來說，靜坐實際上是一種祈禱。

有一本書中曾寫道：「一個人吃驚的程度越大，這個人就會越傾向於產生煩亂的情感。」透過冥想，可以使人達到一種相對冷靜安寧的狀態，拋開現實生活中的各種煩亂，從而實現一種幸福感。

有一位醫學院的女老師每天堅持做三十分鐘冥想，一段時間之後，她的情感和身體都得到相當程度的提高和改善，與那些不做冥想的人相比，她的狀態要好很多。她後來透過研究發現：冥想和人的心理免疫系統有著很強的關聯性，會

壓抑時，在冥想中接受

讓人的身體機能更有活力和彈性。現在，冥想已經越來越多地應用在精神病領域裡，並且已經被證實十分有效，它可以幫助我們克服嚴重的憂鬱症、焦慮以及其他的心理問題。

冥想不僅對治療嚴重憂鬱有幫助，而且對緩解悲傷也有很大的效果，那麼它究竟是如何發揮作用的呢？

當一個人產生某種情感經歷的時候，總會出現相應的身體特徵。正向的情緒可能會讓人的身體感到很舒適。但是當經歷痛苦的感情時，比如比較焦慮的時候，人的身體可能就會出現不舒服的症狀，比如脖子、肩膀或者是胃部不適，而這些身體狀況都對應著相應的情感。因此當遇到這種情況的時候，不要鑽牛角尖，沉思自己究竟是怎麼回事，到底發生了什麼，而要去立即感知身體中相對應的情況。

當感到很壓抑的時候，那就要集中注意力在上面，並且接受這個現實，不要試圖去確定它，只要簡單地去接受它是什麼。

「哦，現在心情很難受。難受就難受吧，這是不可避免的，以後就會好了。」

「天啊，我的手臂上長了這麼大的一個包，真是有趣。我想讓它變小一點，呵呵，它真的可以變小。」

舉個例子來說明，當人生病了的時候，通常會建立起一條新的神經通道，大多數的人在這個時候會使自己的思緒陷

第五章　生活要你低頭，是為了讓你戴上王冠

入這種通道中，而這條通道與壓抑的負面情緒緊密相連，接著這條通道會被逐漸加強。這個時候需要做的是建立一條可替代的通道，而不是打通一條新的通道。這條可替代的通道是什麼呢？是我們自身的修復能力。

其實人們在日常生活中所遇到的大多數疾病，自己的身體都是有能力修復的，當然這也不是絕對的，但是在大多數的情況下是這樣的。跟著身體的感覺走，去感知身體，去接受它，不要試圖去修復它，它是什麼就是什麼，只要小有興趣地觀察它就好了，身體內在的修復機制會自動處理它的。

而要做到適應這種方式的關鍵就是要練習，不斷地重複，練習的過程並不是非要集中注意力四十五分鐘，而是將失去的注意力找回來並且不斷地重複。這樣的訓練方式其實就是一種冥想。

第六章

親愛的，
請以簡單的方式過生活

■ 第六章　親愛的，請以簡單的方式過生活

再不慢下來，就白活了

很多時候，我們被生活一個又一個目標逼迫得只會忙著趕路，不僅工作緊張，生活也緊張，在做這件事情的時候還會想到有一大堆的事情在等著自己，於是一切都匆匆忙忙，急躁不堪。當我們回首的時候，突然發現只顧匆忙趕路，卻失去了更美好的事情。

很多時候，我們在人生中不斷地奔跑，向著下一個目標不斷地奮進；我們的生活被忙碌，以及一個又一個的目標所占滿，心裡、眼裡也只剩下這個目標，當我們回頭的時候，卻發現生命的過程實際上是很美妙的。

生活的樂趣絕不在於不斷地奔跑，生活需要一杯茶的清香，需要一碗酒的濃烈激情。每天早晨出來呼吸新鮮的空氣，泡一杯咖啡，聽一支優美的曲子，抑或在休息的時候送給朋友親手包的餃子，或者陪著父母坐在電視機前說著那些實際上已經說了無數次的經典家常，又或者一家三口一起去海邊遊玩，讓心靈得到極大的放鬆……

很多時候，我們忽視了這些，忘記了那些特別好的朋友的生日，忘記了今天本來說好的和丈夫一起去陪他買條領帶；

我們想到更多的就是孩子的上學費用怎麼辦,何時能再買一套房……我們的生活被物質充斥了,理想也都變得物質化了,所以我們急著趕路,跑得氣喘吁吁都不停歇。

其實,生活本來可以不這麼過,只是我們太緊張了,而忘記了在生活中慢慢體會幸福的味道;我們大可輕鬆一些,活得更灑脫一些,做事大可不必急躁,慢慢地走,慢慢地看,你會發現原來生活真的很美好。

你可以在暖陽裡讀自己喜歡的書,可以在清風裡聆聽鳥鳴,可以在忙碌中偷閒寫寫隻言片語,可以在週末和家人共享親情……一切,都有了色彩;一切,都流動了起來;一切,都在慢中盡展風采。

原來,慢也是一種人生。這種人生,不急不躁,卻盡享風景;這種人生,不溫不火,卻靜享清淨;這種人生,不慌不忙,卻飽含出世之思想。

慢下來,靜享人生,風景獨好,你賞或者不賞,盡在自我掌控之中。

第六章　親愛的，請以簡單的方式過生活

擁有得太多，
才覺得雞毛蒜皮都是煩惱

宋代詞人辛棄疾有一句名言：物無美惡，過則為災。想擁有，是因為占有欲在做怪，如果捨得放棄，就不會如此痛苦了。生活就是如此，有的時候，痛苦和煩惱不是由於得到太少，反而是因為擁有太多。擁有太多，就會感到沉重、擁擠、膨脹、煩惱、害怕失去。

擁有是一種簡單原始的快樂，但擁有太多，就會失去最初的歡喜，變得越來越不如意。

有一位窮人向禪師哭訴：「禪師，我生活得並不如意，房子太小、孩子太多、太太性格暴躁。您說我應該怎麼辦？」

禪師想了想，問：「你們家有牛嗎？」

「有。」窮人點了點頭。

「那你就把牛趕進屋子裡來飼養吧。」

一個星期後，窮人又來找禪師訴說自己的不幸。

禪師問他：「你們家有羊嗎？」

窮人說：「有。」

擁有得太多,才覺得雞毛蒜皮都是煩惱

「那你就把牠放到屋子裡飼養吧。」

過了幾天,窮人又來訴苦。

禪師問他:「你們家有雞嗎?」

「有啊,並且有很多隻呢。」窮人驕傲地說。

「那你就把牠們都帶進屋子裡吧。」

從此以後,窮人的屋子裡便有了七八個孩子的哭聲、太太的喝斥聲、一頭牛、兩隻羊、十多隻雞。三天後,窮人就受不了了。他再度找到禪師,請他幫忙。

「把牛、羊、雞全都趕到外面去吧!」禪師說。

第二天,窮人來看禪師,興奮地說:「太好了,我家變得又寬又大,還很安靜呢!」

實際上窮人的日子和以前是一樣的,但那之後他卻覺得很幸福,就是因為去掉了一些繁雜的東西,讓生活回到了從前的狀態,所以他會覺得很滿足,很幸福。

很多時候我們也一樣,當我們一無所有的時候會羨慕別人的擁有,一個貧困的人總會羨慕富人衣食無憂的生活。而一個富人的煩惱可能更多,他可能總是擔心自己的生意,顧不上自己的身體。每每一個人靜下來的時候內心也充滿了孤獨與寂寞,這時候,他也會羨慕那些有著簡單生活的人們,生活安逸,家庭其樂融融,羨慕那些每天在公園散步的一家三口⋯⋯

第六章　親愛的，請以簡單的方式過生活

當我們擁有更多的時候，煩惱也成正比增加。我們擁有了太多，又一個也不願意捨棄，這個捨不得，那個捨不得，所以生活中有太多的選擇；有選擇就有捨棄，所以我們心酸、難受，總覺得生活不如意。而當我們回歸最簡單的生活方式的時候，卻不見得有這麼多的煩惱，因為我們擁有的是簡簡單單的幾個東西，所以會珍惜並且更好地把握住擁有的東西。當擁有的東西越來越多的時候，生活有了更多的干擾，而我們的能力又是有限的，所以我們必須捨棄，所以我們痛苦。

當我們苦惱的時候，應該想想實際上是因為我們擁有了太多的東西，這樣我們就能釋懷。人只有生活在寧靜的狀態下，才有情趣欣賞世界可愛的一面；體會別人的人情道義和善良，才會有機會享受真正屬於自己的人生。

無論社會和時代變得如何喧囂與躁動，只要我們願意去找，就一定能發現一片真正安靜的角落。即使真的沒有安靜的外在環境，也要保持一份心靈的寧靜，在那裡，可以找到自己的精神家園。不要因為一時的失去而傷心，正因為現在的失去，我們以後才能夠得到簡單的幸福。

願你歷盡千帆，歸來仍有童心

相對成年人來講，兒童是最懂得享受幸福的「專家」了，而那些能夠保有孩童之心的成年人，更可稱得上是懂生活的藝術家。在這個複雜喧鬧的社會中，能保持年輕人特有的幸福精神與要旨是相當難得而寶貴的。如果要擁有永遠的幸福，我們就不能夠讓自己的精神變得衰老、遲鈍或疲倦，要始終以一顆單純的心去面對生活。

有位老師問她七歲的學生：「你幸福嗎？」

「是的，我很幸福。」她回答。

「經常都是幸福的嗎？」老師再問道。

「對，我經常都是幸福的。」

「是什麼使你感覺幸福呢？」老師繼續問道。

「是什麼我並不知道。但是，我真的很幸福。」

「一定是有什麼事物才使得你幸福的吧？」老師繼續追問著。

「是啊！我告訴你吧！我的玩伴們使我幸福，我喜歡他們。學校使我幸福，我喜歡上學，我喜歡我的老師。還有，我喜歡上教堂，也喜歡主日學校和其中的老師們。我愛姐姐

第六章　親愛的，請以簡單的方式過生活

和弟弟，我也愛爸爸和媽媽，因為爸媽在我生病時關心我。爸媽是愛我的，而且對我很親切。」

老師認為在她的回答中，一切都已齊備了──和她玩耍的朋友（這是她的夥伴）、學校（這是她讀書的地方）、教會和她的主日學校（這是她做禮拜之處）、姐弟和父母（這是她以愛為中心的家庭生活圈）。這是具有極單純形態的幸福，而人們最高的生活幸福莫不與這些因素息息相關。

真正的幸福是很簡單的，它就存在於生活中的每一個細微之處。這些簡單平凡的「小幸福」要有一顆純真、質樸的童心才能夠體會。成功學大師戴爾・卡內基（Dale Carnegie）在《享受工作，享受生活》（*How to Enjoy Your Life and Your Job*）中記載了自己的一次關於簡單幸福的體驗：

有一次，我與一個和睦的家庭共同度過了一個難忘的夜晚。次日清晨，我們在餐廳內共進早餐。這個餐廳最為別緻之處就在於它四周的牆壁分別掛有男主人童年成長的鄉村景觀圖片。圖片中除了一一反映男主人的童年生活外，還有高低起伏的丘陵、暖陽照耀的山谷、漣漪蕩漾的小河……圖片令人感受到小河中的水在靜靜地流淌著，尤其在陽光之下更顯得閃閃發亮。清澈的水流圍繞著岩石，在彎彎曲曲的徑道中曲折而行。河流旁邊不規則地散落著許多小房子，而房子的中間聳立著外形如塔狀高尖的教堂。

當大夥吃過早餐之後，男主人欣然指著壁上的畫，對大

家講起他從前的快樂回憶:「我偶爾坐在餐廳中,看著壁上的畫,不禁置身於往事之中。譬如,想起小時候的我總愛赤著腳在小溪中走來走去,即使時日已遠,但我仍然清楚地記得在我腳下的那些泥土是多麼細軟純潔。夏天時,我們在小河邊釣魚;春天時節,我們則坐著木板從丘陵上一路滑下去。」

「在童年的記憶中,最令我難以忘懷的還有那個高高尖尖的教堂……」這位男士滿臉洋溢著微笑繼續說著,「教堂裡時時會舉辦盛大的布道會。儘管當時我什麼也聽不懂,只會靜靜坐著,但是現在想來,這也不失為一項幸福的回憶。現在,父母雖然均已永眠於教堂旁的墓地,但是在回憶中、在墓地旁,均能清晰地想起過去的甜蜜光景,而父母的叮囑聲音也彷彿近在耳邊。有時,當我累了或精神緊張時,我便坐在這裡安靜地觀賞教堂的畫,它讓我重拾舊時那段純真無瑕的時光,它真的能帶給我平和的心靈!」

或許並非每個人都有這麼美麗的童年回憶,但是每個人都可以擁有一顆質樸、純淨的心靈。當你為生活的忙碌和沉重而感到不堪重負的時候,不妨試著還自己一顆童心,這樣你就可以遠離都市的喧囂,找到一份簡單自然的心情。

■ 第六章　親愛的，請以簡單的方式過生活

極簡單，極快樂

　　很多愛美的女人在出門前總是要進行一番細緻的打扮，這個過程也許包含著很多複雜的程序，她們卻樂在其中。完全不顧等待的人有多麼焦急和無奈。事實上，這些所謂的繁文縟節很多時候是不必要的。人生如果充滿了這些細枝末節的瑣碎，怎麼可能有精力做重要的事情呢？因此，我們的生活和人生都需要化繁為簡。「化繁就簡」是節省時間、人力的最佳方法，要訓練自我成為能擔當的通才，做事自然會簡單化。在五光十色的現代世界中，應該記住這樣古老的真理：活得簡單才能活得自由。

　　住在田邊的蚱蜢對住在路邊的蚱蜢說：「你這裡太危險，搬來跟我住吧！」

　　路邊的蚱蜢說：「我已經習慣了，懶得搬了。」

　　幾天後，田邊的蚱蜢去探望路邊的蚱蜢，卻發現對方已被車子壓死了。

　　原來掌握命運的方法很簡單，遠離懶惰就可以了。

　　一隻小雞破殼而出的時候，剛好有隻烏龜經過，從此以後，小雞就打算揹著蛋殼過一生。牠受了很多苦，直到有一

極簡單，極快樂

天，牠遇到了一隻大公雞。

原來擺脫沉重的負荷很簡單，尋求名師指點就可以了。

一個孩子對母親說：「媽媽你今天好漂亮。」

母親問：「為什麼？」

孩子說：「因為媽媽今天一天都沒有生氣。」

原來要擁有漂亮很簡單，只要不生氣就可以了。

一位農夫，叫他的孩子每天在田地裡辛勤勞作，朋友對他說：「你不需要讓孩子如此辛苦，農作物一樣會長得很好的。」

農夫回答說：「我不是在培養農作物，而是在培養我的孩子。」

原來培養孩子很簡單，讓他吃點苦就可以了。

有一家商店經常燈火通明，有人問：「你們店裡到底是用什麼牌子的燈管？那麼耐用。」

店家回答說：「我們的燈管也常常壞，只是我們壞了就換而已。」

原來保持明亮的方法很簡單，只要常常換掉壞的燈管就可以了。

有一支淘金隊伍在沙漠中行走，大家都步伐沉重，痛苦不堪，只有一人快樂地走著，別人問：「你為何如此愜意？」

第六章　親愛的，請以簡單的方式過生活

他笑著說：「因為我帶的東西最少。」

原來快樂很簡單，只要放棄多餘的包袱就可以了。

生命之舟需要輕載。一個人在自己覺得不堪重負的時候，應當學會做「減法」，減去一些不需要的東西，有時候簡單一點，人生反而會覺得更踏實。

有人這樣說過，「簡單不一定最美，但最美的一定簡單」。最美的幸福生活也應當是簡單的生活。幸福的真諦就在於過簡簡單單、內心純淨的生活。

簡單是一門藝術。越複雜越容易拼湊，越簡單就越難設計。在服裝界有「簡潔女王」之稱的吉爾・桑德（Jil Sander）說：「加上一個釦子或設計一套粉色的裙子是簡單的，因為這一目了然。但是，對簡約主義來說，品質需要從內部來體現。」她認為，簡單不僅僅是摒除多餘的、花俏的部分，避免喧囂的色彩和繁瑣的花紋，更重要的是體現清純、質樸、毫不造作。

用過電腦的朋友都知道，在系統中安裝的應用軟體越多，電腦執行的速度就越慢，並且在電腦執行的過程中，還會有大量的垃圾檔案、錯誤資訊不斷產生，若不及時清理掉，不僅會影響電腦的執行速度，還會造成當機甚至整個系統的癱瘓。所以必須定期地刪除多餘的軟體，清理掉那些無

用的垃圾檔案,這樣才能保證電腦正常工作。

我們的生活和電腦系統的情況十分類似,女人如果想過一種幸福快樂的生活,請不要沉浸在生活的細節末梢中,不要徘徊在無聊的瑣碎事務中,請卸掉不必要的包袱,輕鬆上路。只有這樣,才能走得更遠,飛得更高。

■ 第六章　親愛的，請以簡單的方式過生活

用情趣帶給生活想要的儀式感

　　我們的生活可以很平凡，很簡單，但是不可以缺少情趣。一個懂得簡單生活的人可以從做家務、教育孩子、為配偶購買情人節禮物等平凡的生活細節中體驗到生活的快樂。

　　小張出生在一個窮苦家庭，一個男生喜歡她，同時也喜歡另一個家境很好的女生。在男生眼裡，她們都很優秀，他不知道應該追求誰。有一次，他到小張家玩，她的房間非常簡陋，沒什麼像樣的家具。但當他走到窗前時，發現窗臺上放了一瓶花──瓶子只是一個普通的水杯，花是在田野裡採來的野花。

　　就在那一瞬間，他下定了決心，選擇小張作為終身伴侶。促使他下這個決心的理由很簡單，小張雖然窮，卻是個懂得生活的人，將來無論他們遇到什麼困難，他相信她都不會失去對生活的信心。

　　小白喜歡時尚，愛穿與眾不同的衣服。她是被別人羨慕的上班族，但她卻很少買特別上等的時裝。她找了一個手藝不錯的裁縫，自己到布店買一些不算貴但非常別緻的料子，自己設計衣服的樣式。在一次清理舊東西時，一床舊的被單引起了她的興趣──這麼漂亮的被單扔了挺可惜的，不如將

用情趣帶給生活想要的儀式感

它送到裁縫那裡做一件中式時裝。想不到效果出奇地好,她的「中式情結」由此一發而不可收:她用小碎花的舊被套做了一件立領盤扣的風衣;她買了一塊紅緞子稍微加工,就讓她那件平淡無奇的黑長裙大為出彩……

小王是個普通的職員,過著很平淡的日子。她常和同事說笑:「如果我將來有了錢……」同事以為她一定會說買房子買車子,而她的回答是:「我就每天買一束鮮花回家!」不是她現在買不起,而是覺得按她目前的收入,到花店買花有些奢侈。有一天她走過人行天橋,看見有人在賣花,他身邊的塑膠桶裡放著好幾把康乃馨,她不由得停了下來。這些花一把才賣三十元,如果是在花店,起碼要上百元,她毫不猶豫地掏錢買了一把。這把從天橋上買回來的康乃馨,在她的精心呵護下開了一個月。每隔兩三天,她就為花換一次水,再放一粒維生素C,據說這樣可以讓鮮花開放的時間更長一些。每當她和孩子一起做這一切的時候,都覺得特別開心。

生活中還有很多像小張、小白、小王這樣懂得生活藝術的人,他們懂得在平凡的生活細節中撿拾生活的情趣。亨利‧梭羅(Henry Thoreau)說過:「我們來到這個世上,就有理由享受生活的快樂。」當然,享受生活並不需要太多的物質支持,因為無論是窮人還是富人,他們對幸福的感受並沒有很大的區別,我們可以透過攝影、收藏、從事業餘愛好等各種途徑培養生活情趣。

第六章　親愛的，請以簡單的方式過生活

　　生活的藝術可以用許多方式表現出來，沒有任何東西可以不屑一顧，沒有任何一件小事可以被忽略。一次家庭聚會，一件普通得再也不能普通的家務，都可以為我們的生活帶來無窮的樂趣與活力。

　　樂趣不是等哪一天你有了某物或者某個人之後才會有，生活中的各種樂趣在於自己的發現。一個很富有的人的生活不一定有樂趣，一個很貧困的人也能把自己的小日子過得有滋有味。養一盆花，或者喜歡做手工藝品，又或者不斷地嘗試著做各種美食，都是一種樂趣，平凡的生活因為有了這些小的點綴而變得有滋有味，百無聊賴的日子一下子變得鮮活起來。我們都要學會為自己找一些樂趣，或者在生活中善於創造這些樂趣，讓平淡的日子不再平淡。

人活一世，什麼都要享受一下才不虧

一位得知自己不久於人世的老先生，在日記簿上記下了這樣一段文字：

「如果我可以從頭活一次，我要嘗試更多的錯誤，我不會再事事追求完美。」

「我情願多休息，隨遇而安，處世糊塗一點，不對將要發生的事處心積慮地計算著。其實人世間有什麼事情需要斤斤計較呢？」

「可以的話，我會多去旅行，跋山涉水，再危險的地方也要去一去。以前不敢吃冰淇淋，是怕健康有問題，此刻我是多麼後悔。過去的日子，我實在活得太小心，每一分、每一秒都不容有失誤，太過清醒明白，太過合情合理。」

「如果一切可以重新開始，我會什麼也不準備就上街，甚至連紙巾也不帶一塊，我會放縱地享受每一分、每一秒。如果可以重來，我會赤足走出戶外，甚至徹夜不眠，用自己的身體好好地感受世界的美麗與和諧。還有，我會去遊樂場多玩幾圈旋轉木馬，多看幾次日出，和公園裡的小朋友玩耍。」

第六章　親愛的，請以簡單的方式過生活

「只要人生可以從頭開始，但我知道，不可能了。」

美國詩人惠特曼（Whitman）說：「人生的目的除了去享受人生外，還有什麼呢？」

生活本是豐富多彩的，除了工作、學習、賺錢外，還有許許多多美好的東西值得我們去享受：可口的飯菜、溫馨的家庭生活、藍天白雲、紅花綠草、飛濺的瀑布、浩瀚的大海、雪山與草原等。

此外還有詩歌、音樂、沉思、友情、談天、讀書、體育運動、喜慶的節日……甚至工作和學習本身也可以成為享受，如果我們不是太急功近利，不是單單為了一己利益，我們的辛苦勞動也會變成一種樂趣。讓我們把眼光從「圖功名」上稍稍挪開，去關注一下我們生命、生活中的這些美好吧。

一個六歲的小女孩問媽媽：「花會說話嗎？」

「噢，孩子，花如果不會說話，春天該多麼寂寞，誰還對春天左顧右盼？」

小女孩滿意地笑了。

小女孩長到十六歲，問爸爸：「天上的星星會說話嗎？」

「噢，孩子，星星若能說話，天上就會一片嘈雜，誰還會嚮往天堂靜謐的樂園？」小女孩又滿意地笑了。

女孩長到二十六歲，已是個成熟的女性了。一天，她悄悄地問丈夫：「昨晚宴會，我表現得合適嗎？」

人活一世，什麼都要享受一下才不虧

「棒極了！」丈夫無不欣賞和自豪之情，「你說話的時候，像叮咚的泉水、悠揚的樂曲，雖千言而不繁；你靜處的時候，似浮香的荷、優雅的鶴，雖靜音而傳千言……能告訴我你是怎樣修練的嗎？」

妻子笑了：「六歲時，我從當教師的媽媽那裡學會了和自然界對話。十六歲時，我從當作家的爸爸那裡學會了和心靈對話。在見到你之前，我從哲學家、史學家、音樂家、農民、工人、老人、孩子那裡學會了和生活對話。親愛的，我還從你那裡得到了思想、智慧、膽量和愛！」

一個通透的女人，是優雅快樂的，她會感受生活，會品味生活中每時每刻的內容。雖然享受生活必須有一定的物質基礎，努力工作和學習，創造財富，發展經濟，這當然是正經的事。但是，勞動本身不是人生的目的，人生的目的是「生活得寫意」。一方面勤奮工作，一方面使生活充滿樂趣，這才是和諧的人生。

享受生活，並非花天酒地，或過懶人的生活。享受生活，是要努力豐富生活的內容，努力去提升生活的品質。愉快地工作，也愉快地休閒。散步、登山、滑雪、垂釣，或是坐在草地或海灘上晒太陽。在做這一切時，使雜務中斷，使煩憂消散，使靈性回歸，使親倫重現。

用喬治‧吉辛（George Gissing）的話說，是過一種「靈魂修養的生活」。

■ 第六章　親愛的，請以簡單的方式過生活

從不預支「此刻的生活」

　　現代人總覺得自己的生活疲憊忙碌，而無暇享受此刻美好的生活，是因為我們總是擔心時間不夠，就像我們總是覺得錢不夠一樣。女人學習停下腳步，享受已經擁有的時間、金錢與愛，是我們生活中重要的一課。

　　釋迦牟尼在成佛之前，經歷過很多次的磨練和苦修，從中領悟了許多人生的智慧和真諦。

　　有一天，釋迦牟尼要進行一次長途的跋涉，他因為急於到達目的地，便無畏於路程的遙遠艱苦，只是努力地趕路。長途漫漫，釋迦牟尼累得精疲力竭，終於，眼看就要到達自己想去的地方了，釋迦牟尼鬆了口氣。就在他心情放輕鬆的同時，他感覺到自己的腳下有一顆小石子磨得雙腳很不舒服。那顆石子很小，小到讓人根本沒察覺它的存在。

　　其實，在釋迦牟尼剛開始趕路不久時，他就已經清楚地感覺到那顆小石子在鞋子裡，不斷地刺痛著腳底，讓他覺得不舒服。

　　然而，釋迦牟尼一心忙著趕路，也不想浪費時間脫下鞋子，索性便把那顆小石子當作是一種修行，不去理會。

　　直到這時，他才停下急切的腳步，心想著：既然目的地

從不預支「此刻的生活」

已經快要抵達了，又還有一些餘暇，乾脆就在山路上脫下鞋子來，把腳下的小石子從鞋子裡倒出來，讓自己輕鬆一下吧！

就在釋迦牟尼低頭彎腰準備脫鞋的時候，他的眼睛不自覺地瞄向沿路的水光山色，竟然發現它們是如此美麗。當下，他領悟了一個重要的道理：自己這一路走來，如此匆忙，心思意念竟然只專注在目的地上，完全沒有發現四周景色的優美。

釋迦牟尼脫下鞋子，然後將那顆小石子拿在手中，不禁讚嘆著說：「小石頭啊！真想不到，這一路走來，你不斷地刺痛我的腳掌心，原來是要提醒我，走慢點，注意生命中的一切美好事物啊！」

如果天上的星辰一生只出現一次，那麼每個人一定會出去仰望，而且看過的人一定會大談這次景象的莊嚴和壯觀。媒體一定提前大做宣傳，而事過許久還要大讚其美。星辰果真只出現一次，我們一定不願錯過星辰之美，不幸的是它們每晚都閃亮，所以我們好幾個月都不去抬頭望一眼天空。

正如羅丹（Rodin）所說的：「生活中不是缺少美，而是缺少發現。」不會欣賞每日的生活是我們最大的悲哀。其實我們不必費心地四處尋找，美本來就是隨處可見的。

可惜的是，生活中的此時此地總是被忽略，我們無意中預支了「此刻的生活」。

第六章　親愛的，請以簡單的方式過生活

我們總是想著等我有了某某之後，我會怎樣，我們會為了某個特定的目標不斷地奮鬥，努力，卻從來沒有享受在這個過程中的快樂，因為我們總是想著有了現在的苦，才會有以後的幸福，我們每一刻都在等待，等待著最美的時刻出現，卻因此錯過了很多美好的時刻。就像電視劇裡常常出現的那種情形：一個男人或者一個女人為了自己愛的人備受折磨，痛苦不堪，到頭來失去的時候才發現，在自己痛苦的時候那個一直默默地陪在自己身邊的人，其實更值得自己珍惜，這個人實際上才是自己真正要找的人。

很多時候人生就像戲劇一樣，很滑稽，我們往往不斷追逐某些東西，為此永遠不知疲憊，但是往往會在最後發現，在自己匆忙趕路尋找風景的時候，卻失去了沿途最美的風景。

女人充分享受生活，放慢腳步讓自己停留在一個沒有過去，也沒有未來，只有現在的地方。當你停止疲於奔命時，你會發現生命中未被發掘出來的美；當生活在欲求永無止境的狀態時，我們永遠都無法體會生活之美。

真正通透的女人，必耐得住寂寞

不少現代人畏懼寂寞，其實，它可使淺薄的人浮躁，使空虛的人孤苦，也可使睿智的人深沉，使淡泊的人從容。

北宋文豪蘇軾因「烏臺詩案」被貶至黃州為團練副史四年後，寫下一篇短文：

元豐六年十月十二日夜，解衣欲睡，月色入戶，欣然起行。念無與為樂者，遂至承天寺尋張懷民。懷民亦未寢，相與步於中庭，庭下如積水空明，水中藻荇交橫，蓋竹柏影也。何夜無月？何處無竹柏？但少閒人如吾兩人者耳。

透過寂寞，我們品嚐出幾分瀟灑、幾分自如。

古今中外，智者往往獨守這份寂寞，因為他們深知，最好的往往是最寂寞的；他們能沉得住氣，守得住寂寞的煎熬，在寂寞中沉浮，在寂寞中沉澱自己。

其實，寂寞是一種難得的感覺，在感到寂寞時輕輕地合上門和窗，隔去外面喧鬧的世界，默默地坐在書架前，用粗糙的手掌拂去書本上的灰塵，翻著書頁，嗅覺立刻又觸到了久違的紙墨清香。

對於任何人，寂寞與否，取決於心境的有無所依。

第六章　親愛的，請以簡單的方式過生活

　　在命運的行程中，每個人都是獨行者。然而，懂得生活的人，耽於寂寞之隅，義無反顧，終獲成功與幸福；心浮氣躁者，終見陋於大方，為寂寞所棄。

　　真正體驗了寂寞的人，才會更加珍視生活的溫馨。

　　寂寞是一種清福、一種享受，在喧鬧的塵世之中，需保持心靈的清靜。

留一點時間給自己

曾經有一個都市上班族在日記中這樣寫道：

前幾天，遇到一個好久不見的朋友，聊天的時候，他問了我這樣一句話：「你是怎麼休假的？」面對這個極其普通的問題，我竟半天答不上來。後來，靜下心來仔細想想，我最大的苦惱，就是很難找到真正屬於自己的時間。一週五天，一天八個小時，工作時間的緊張繁忙自不必說，連準時下班對我來說都是一種奢侈，因為總是到了下班時間卻無法結束工作。

的確，現在生活節奏在不斷地加快，人們每日的生活被安排得滿滿的，甚至會為工作忙碌到深夜，每天忙碌的是工作，談論的是工作，幾乎沒有任何的個人閒暇時間，更何談什麼娛樂活動呢？生活是豐富多彩的，而我們卻只顧低頭趕路！

生活中需要一些時刻屬於我們自己。巴爾札克說過，「躬身自問和沉思默想能夠充實我們的頭腦」。生活中，我們需要為自己找出一段完全屬於自己的時間，和自己的心靈對話，體會生命的意義。有人問古希臘大學問家安提西尼（Antis-

第六章　親愛的，請以簡單的方式過生活

thenes）：「你從哲學中獲得什麼呢？」他回答說：「與自己談話的能力。」與自己談話，就是發現自己，發現另一個更加真實的自己。

很多時候我們的內心常為外物所遮蔽掩飾，從而無暇去聆聽自己內心最真實的聲音。於是，我們總是在冥冥之中希望有一個天底下最了解自己的人，能夠在大千世界中坐下來靜靜傾聽自己心靈的訴說，能夠在熙來攘往的人群中為我們開闢一方心靈的淨土。可芸芸眾生，「萬般心事付瑤琴，絃斷有誰聽？」伯牙與鍾子期這樣深摯的友誼似乎都成了可望而不可即的奢望。知己是難尋，不過友情也是需要經營的，我們卻忽視了，所以我們孤單。

其實很多時候我們就是自己最好的知音，世界上還有誰能比自己更了解自己？還有誰能比自己更能替自己保守祕密呢？因此，當你煩躁、無聊的時候，不妨留給自己一點時間，和自己的心靈認真地對話，讓心靈退入自己的靈魂中，靜下心來聆聽自己心靈的聲音，問問自己：我為何煩惱？為何不快？滿意這樣的生活嗎？我的待人處世錯在哪裡？我是不是還要追求工作上的成就？我要的是自己現在這個樣子嗎？生命如果這樣走完，我會不會有遺憾？我讓生活壓垮或埋沒了沒有？人生至此，我得到了什麼、失落了什麼？我還想追求什麼……

留一點時間給自己

這樣,在自己的天地裡,你可以慢慢修復自己受傷的尊嚴,可以毫無顧忌地「得意」,也可以坦誠地剖析自己。

人生,不急,不擠。生活不要安排得太滿,人生不要設計得太擠。不管做什麼,都要留點空間給自己,好讓自己可以從容轉身;都要留點時間給自己,好讓自己認真傾聽內心最真實的聲音。這種傾聽可以讓我們從生活的繁忙中抽身出來,拓展我們人生的深度,讓我們再度體驗自己生命的甘美。

第六章　親愛的,請以簡單的方式過生活

第七章

你當溫暖,且有力量

■ 第七章　你當溫暖，且有力量

以堅強的姿態，對抗生活的凌厲

　　堅強是一種品性，是千錘百鍊磨礪出來的結果，是每一個人在不幸中支撐身心的精神支柱。堅強的女人，擁有苦難打不彎的脊梁，所以永遠是昂然挺立的姿態。如果一個人不夠堅強，也不可能經歷更多更廣的事物。如果不夠堅強，他是沒有勇氣和膽量去經歷新奇，去開拓創新的。人生是一個磨礪的過程，而堅強便是磨練出來的精華。

　　生活之中有了堅強，一切才變成了風雨之後的彩虹，絢麗又張揚。堅強的女人柔韌，她們雖不會像男人那樣有淚不輕彈，但流過淚後往往比男人更加堅強、出色。堅強可以使女人更從容地面對生活。像美麗的蝴蝶破繭而出，戰勝了生命中的痛苦之後，綻放出令世界傾倒的光芒。

　　堅強的個性是一種傲人的勇氣，生活之中女人只有擁有了這種勇氣，才能不斷地開拓通往成功的道路。堅強的個性又是一條做人的準則，因為有了這條準則，女人才會珍惜自己的生命，能夠在煉獄之中，始終保持必勝的信心。

　　《易經》曰：「天行健，君子以自強不息。」也許有時候，

以堅強的姿態，對抗生活的凌厲

我們無奈於生命的長度，但是堅強能夠讓我們選擇生命的寬度與厚度。在這個世界上，我們會遇到賞罰不公，我們會遇到就業壓力，我們會遇到競爭，我們會遇到病魔，我們會遇到……但是，女人可以運用自己手中堅強的畫筆，在逆境中為自己描繪一片屬於自己的藍天，為自己描繪出紅花綠草、習習清風。

生活的天平，不會永遠保持完全的平衡，因此，無論在什麼時候，你都要保持一個平靜的心態，做到寵辱不驚，才能堅強面對現實中的不公平。堅強可以讓你變成一株迎風傲雪的青松，承受陽光雨露的洗禮，忍受雷霆萬鈞的**轟擊**，穩穩地**矗**立在大山之巔，目送流雲，輕攬晚風。

堅強的女人好似蚌母之中的珍珠，初入殼中之時，不過是世間一粒最不起眼的沙塵。在貝殼之中，要忍受暗無天日的生活，忍受海水一次次的衝擊，忍受蚌母「眼淚」一次次的洗禮，但她重見天光之時，必能光華璀璨。堅強的女人好似讓人目不轉睛的鑽石，在被開採之前，沉默於岩層之下，忍受貧瘠與煎熬，而當她展現在世人面前之時，卻是歷經劫難之後的晶瑩和流光溢彩的美。

通透的女人知道，來到這個世界的時候，有很多事情是無法選擇的，但是可以選擇是堅強地走完一段崎嶇之路，還

第七章　你當溫暖，且有力量

是懦弱地迴避著苦難而被無形的力量困在原地。堅強的女人有著鑽石的堅硬，禁得起困難的打磨；堅強的女人，擁有苦難打不彎的脊梁，永遠以昂揚的姿態挺立在不如意中，信心百倍地為明天掌舵起航。

你的寬容，必須有底線

寬容是一種非凡的氣度、寬廣的胸懷，是對人對事的包容和接納。有人曾說過：「世界上最寬闊的是海洋，比海洋寬闊的是天空，比天空更寬闊的是人的胸懷。」

寬容是一種仁愛的光芒、無上的福分，是對別人的釋懷，也是對自己的善待。寬容是一種生存的智慧、生活的藝術，是看透了社會人生以後所獲得的那份從容、自信和超然。

真正的寬容接納正如：「一隻腳踩扁了紫羅蘭，它卻把香味留在那腳跟上，這就是寬恕。」寬容賦予人美麗的內心，寬容讓人心平氣和、純淨安寧。

一個寬容的女人總是保持著一種恬淡、安靜的心態，做著自己應該做的事情。寬容的女人就像一杯清茶沁人心脾，一個善意的微笑，一句幽默的話語，也許就能化解人與人之間的怨恨和矛盾，填平感情的溝壑。美國前總統柯林頓（Clinton）的妻子希拉蕊（Hillary）就是這樣一個心胸豁達、大度的女人。

二〇〇三年六月，希拉蕊出版了自傳《活出歷史：希拉蕊回憶錄》（*Living History*），對於此書，各方褒貶不一，有人

第七章　你當溫暖，且有力量

叫好不迭，也有人大潑冷水。美國有線新聞網路脫口秀的著名節目主持人卡爾森（Carlsen）對該書的評價是：她的這本書不可能賣得好，我敢打賭，如果超過一百萬本，我把她的鞋子吃下去。

令這位主持人意想不到的是，這本自傳沒過幾個星期就暢銷了一百萬本，以致於出版商不得不迅速加印。這下人們就等著這位主持人吃鞋子的好戲看了，誰讓他把話說得那麼絕對呢。

果然，這位主持人收到了希拉蕊送給他的鞋子，不過，這隻鞋子的材料不同，是希拉蕊特意為他訂做的鞋子形狀的蛋糕。主持人邊吃邊說：「這鞋子吃起來味道不錯，因為裡面加了一種特殊的調料──寬容。」

面對主持人的嘲諷，得理的希拉蕊並沒有以激烈的言語回擊對方或等著看對方吃鞋子，而是用一種幽默、寬容的方式巧妙地化解了這場衝突。希拉蕊因寬容而更加讓人敬佩，蛋糕鞋子因寬容而更加美味可口。

所以說，寬容是對別人的諒解，對自己的考驗。為人寬容，我們就能解人之難，補人之過，揚人之長，諒人之短，從而贏得永久的友誼。

第二次世界大戰期間，一支部隊在森林中與敵軍相遇，激戰後，兩名戰士與部隊失去了聯繫。這兩名戰士來自同一個小鎮。

你的寬容，必須有底線

　　兩人在森林中艱難跋涉，他們互相鼓勵、互相安慰，十多天過去了，仍未與部隊聯繫上。這一天，他們打死了一隻鹿，依靠鹿肉又艱難度過了幾天。也許是戰爭使動物四散奔逃或被殺光，這以後他們再也沒看到過任何動物。他們僅剩下的一點鹿肉，背在年輕戰士的身上。這一天，他們在森林中又一次與敵人相遇，經過再一次激戰，他們巧妙地避開了敵人。就在自以為已經安全時，只聽一聲槍響，走在前面的年輕戰士中了一槍──幸虧傷在肩膀上！後面的士兵惶恐地跑了過來，他害怕得語無倫次，抱著同袍的身體淚流不止，並趕快撕下自己的襯衣，包紮同袍的傷口。

　　晚上，未受傷的士兵一直念叨著母親的名字，兩眼直勾勾的。他們都以為熬不過這一關了，儘管飢餓難忍，可他們誰也沒動身邊的鹿肉。天知道他們是怎麼度過那一夜的。第二天，部隊救出了他們。

　　事隔三十年，那位受傷的戰士安德森說：「我知道誰開的那一槍，他就是我的同袍。在他抱住我時，我碰到了他發熱的槍管。我怎麼也不明白，他為什麼對我開槍？但當晚我就原諒了他。我知道他想獨吞我身上的鹿肉，我也知道他想為了母親而活下來。此後三十年，我假裝根本不知道此事，也從不提及。戰爭太殘酷了，他母親還是沒有等到他回來，我和他一起祭奠了老人家。那一天，他跪下來，請求我原諒他，我沒讓他說下去。我們又做了幾十年的朋友，我寬恕了他。」

第七章　你當溫暖，且有力量

　　的確，能容納別人的人是可敬的，生命的意義在於彼此接納的和諧，寬恕是一種極高的美德，一個饒恕別人的人自己的內心也會得到釋放，因為他們的生活不是充滿了仇恨而是充滿了愛。

　　大海因為能夠容納百川，所以浩瀚。莎士比亞忠告人們說：「不要因為你的敵人而燃起一把怒火，灼熱得燒傷你自己。」假如別人傷害了自己，千萬不要只會怨恨，關鍵是要學會寬容，並避免被別人再次傷害。

　　學會寬容是一個人成熟的象徵。生活中會出現種種問題，例如物價上漲、住房擁擠、交通不便。一個成熟的人不會將自己置身於對這些的抱怨中，而是心如止水，用自己的心去寬容一切，因為生活本來就是苦、辣、酸、甜、鹹五味俱全，生活不會只按照自己想像的樣子過下去，人在改變這些環境的時候也要在一定程度上適應環境，而不能只是抱怨。

　　一個懂得寬容的女人對別人不苛求，「能容人處且容人」。每個人都有自己的思維、工作、學習、生活習慣，既有其長處，也有其短處。在社會生活中，人們總要與各式各樣的人打交道。換個角度，多注意別人的好處，用理解、同情和愛去影響別人，使對方既能知道自己的缺點，又能心悅誠服地改正，你就會處處碰到信賴和愛戴自己的朋友和同事，

你的寬容，必須有底線

你的人際關係就會因此得到很好的發展。

給人面子，既無損自己的體面，又能使人產生感激和敬重之情。不計較小事，不苛求別人，會為你贏得更多的時間和精力。

當然，對於一個通透的女人來講，寬容必須有底線，寬容絕不是一味的原諒與忍讓，要因人因事、因時因地而異，對於挑撥是非、兩面三刀、落井下石、陷人於罪、背信棄義的小人，和違法亂紀、胡作非為、興風作浪、不知悔改的惡人，是不宜講寬容的。所謂「大事講原則，小事講風格」，才是應取的態度。

第七章　你當溫暖，且有力量

在別人需要時拉一把

　　人活於世，不可能不有求於人，也不可能沒有助人之時。幫助別人，其實也是在幫助自己。在人落入危難和困窘之時，也正是心靈最脆弱的時候，如果此時你能急人所急，給人所需，受助者一定會永遠把這份恩情記在心裡，將來有一天能報答你的時候，定會湧泉相報。

　　曾經有一個貧窮的小男孩，為了攢夠學費去上學，便挨家挨戶地推銷商品。他勞累了一整天，感到十分飢餓，但摸遍全身，卻只有一塊錢，怎麼辦呢？他決定向下一戶人家討口飯吃。但當一位美麗的年輕女子打開房門的時候，這個小男孩卻有點不知所措了，他沒有要飯，只祈求給他一口水喝。這位女子看到他很飢餓的樣子，就拿了一大杯牛奶給他。男孩慢慢地喝完牛奶，問道：「我應該付你多少錢呢？」年輕女子回答說：「一毛錢也不用付。媽媽跟我說，施以愛心，不圖回報。」男孩說：「那麼，就請接受我由衷的感謝吧！」說完男孩離開了這戶人家。此時，他不僅感到渾身是勁，而且彷彿看到上帝正朝他點頭微笑，那種男子漢的豪氣也像山洪一樣迸發出來。其實，男孩本來是打算休學的。

　　過了很多年，那位年輕女子得了一種十分罕見的重病，

當地的醫生對這種病束手無策。最後,她被轉到一間大醫院醫治,並由專家會診治療。而大名鼎鼎的霍華德‧凱利(Howard Kelly)醫生,也就是當年那個小男孩,也參與了醫治方案的制定。當他看到病歷上所寫的病人的來歷時,有一個奇怪的念頭霎時間閃過他的腦海,他馬上起身直奔病房。

來到病房,凱利醫生一眼就認出床上躺著的病人正是那位曾幫助過他的恩人。他回到辦公室,決心一定要竭盡所能來幫助恩人把病治好。從那天開始,他就特別地關照這位病人。經過艱辛的努力,手術終於成功了。凱利醫生要求把醫藥費通知單送到他那裡,在通知單的旁邊,他簽了字。

當這張醫藥費通知單送到這位特殊的病人手上時,她不敢看,因為她確信,治病的費用將會花去她的全部家當。但最後,她還是鼓足勇氣,翻開了醫藥費通知單,旁邊的那行小字引起了她的注意,她禁不住輕聲讀了出來:

「醫藥費 —— 一滿杯牛奶。霍華德‧凱利醫生。」

這個年輕女子的舉手之勞,卻換來了曾經貧窮無助的霍華德醫生一生的感激;她在給當年那個男孩一杯牛奶時,也許完全不會想到,當年的男孩會給她如此貴重的報答。

我們平常所說的「好人有好報」便是這個道理。我們或許給予別人的只是一點小小的幫助,但在他人眼裡,卻無異於天降甘露,甜美萬分。他們會將這份恩惠牢牢銘記於心,在我們需要時,可能以數倍甚至數百倍的回報回饋我們。

第七章　你當溫暖，且有力量

「朋友多了路好走」、「在家靠父母，出外靠朋友」，友誼所包含的要義中本就應該有互相幫助。「海內存知己，天涯若比鄰」，只要我們願意，任何人都可能成為我們的朋友。在別人需要的時候拉別人一把，在平日裡多關懷別人，在別人得到幸福的時候，自己也能夠得到幸福。

朋友之間的互相幫助對於每一個人來說都是很重要的，無論在事業上、感情上還是學業上，有了朋友的幫助會讓你人生道路通暢許多。朋友對你感情上的安慰，繁忙的時候為你準備好飯菜，傷心的時候在你身旁為你排憂解難，朋友是你人生中一筆巨大的財富，是關鍵時刻可以依靠的大樹。而人的付出和回報都是相應的，今天你不惜一切幫助朋友，在你明天遇到困難時，朋友也會伸出友愛之手，成為你可以依靠的大樹。

身披善良，向陽而生

善良的女人是美麗的女人。她們待人謙虛而有自信，積極向上而不嫉妒傾軋，欣賞別人的美而不自卑，了解自己的長處而不囂張，勇於負責而不跋扈。這種優良的品德會形成一個女人雍容隨和的氣質，並產生一種優雅之美。

曾經在擁擠的公車上發生過這樣一件事，讓李剛至今回想起來還感慨萬千。

當時李剛的座位是靠窗的三號。還沒等他坐穩，一個踩他腳的胖女人，一屁股將四號座位壓得「咯吱」呻吟，一下子，李剛的地盤被她侵占了三分之一。盛夏乘車遇上這樣的鄰座，他只能自認倒楣了。

他的這排座位是三、四、五號。五號座位上是位不滿二十歲的女人，一副近視眼鏡架在高挺的鼻梁上，表情豐富的臉上清晰地寫著對四號鄰居的厭惡。原來，五號的「疆土」也遭到胖女人的「擴張」。只見五號幾乎憤然地急搖紙扇，把胖女人嗆人的汗酸味扇到李剛這邊來。李剛心中非常惱火，但又不便說她。

汽車在公路上飛馳。悶熱的空氣與發動機的「哼哼」聲勝過催眠曲，車上的乘客有差不多半數在打盹。四號的眼皮也

第七章　你當溫暖，且有力量

　　逐漸合攏。小山似的身軀慢慢向五號傾斜，李剛說他當時真是幸災樂禍地想，胖女人灰衣服上那汗漬斑斑的「鹽鹼地」，可以從五號那裡得到一點香水味了。

　　只一會，五號由表情討厭，到怒氣升騰，從「厭而遠之」到奮起反擊：她架起手肘頂了四號的胖臉。胖女人一定是在夢中喝醉了酒，任五號怎樣明頂暗碰，都撞不開她的夢門。最後五號憤中生智，猛然一閃身，讓四號趴扣在座位上，隨即，車內一陣竊笑。

　　四號從突然破碎的夢中驚醒，艱難地支起身，很難為情地低下頭玩起自己的胖指頭來。

　　車行至某地，那位五號也開始打盹，不由自主地，她的秀髮委屈地貼在四號的「鹽鹼地」上。漸漸地，五號的頭滑到了四號的手臂彎裡了。李剛驚異地發現，那個胖女人並沒有回敬五號一個閃身，反倒盡量保持平穩，讓五號舒服地倚著她。四號的右臂一定是很累了，她用左手去扶著右臂。

　　不知怎麼的，李剛心裡一下子泛起一股說不清的滋味，不禁對四號低聲說：「大嫂，弄醒她吧。」

　　她答非所問：「我家女兒也這般大，年輕人愛睏。」

　　美好的心靈與一個人的形象息息相關，如果你有一顆仁愛之心，那麼呈現在別人面前的也是一個寬厚柔美的美好形象。這位大嫂或許並不懂得什麼人生大道理，但是她言行舉止中所流露出的愛卻實在是人生的大道理啊！她樸實無華甚

至讓人生厭的外表之下隱藏的是一顆金子般的「仁愛」之心，正是這顆心讓她本不出眾的形象燦爛生輝。

休謨（Hume）說：「人類生活最幸福的心靈氣質是品德善良。」一個心地善良的人，必是一個心靈豐足的人，同時，善良的舉動也會帶給他人內心的感動和震撼，會在他人心中美麗一生。善良，為女人披上了聖潔的外衣；善良，拓寬了女人生命的道路。

世界的殘酷和複雜，逼迫我們不得不努力地塑造自己，讓自己更好、更美、更有氣質。善良卻可以淨化我們的心靈和思想，甚至可以感染到任何一個還沒有完全泯滅的靈魂。雖然男人喜歡的女人千差萬別，但是善良是最基礎的品格。

女人，因為有了善良，聰明才不會迷失方向，心胸才能寬闊，眼光才會高遠，善良能夠指引女人獲得更多的信賴和人氣。這種內在的氣質修養比任何化妝品都更能滋潤你的心田，讓你的魅力光彩綻放一生。

第七章　你當溫暖，且有力量

你給別人的，其實是給自己的

俗語說：「贈人玫瑰，手有餘香。」學會付出是美好人性的體現，一個懂得付出和給予、善於和別人分享的人，不僅能溫暖別人的心，同時也會滋潤自己的心。羅曼·羅蘭這樣說：「快樂和幸福不能靠外來的物質和虛榮，而要靠自己內心的高貴和正直。」

曾經有一個僧人走在漆黑的路上，因為路太黑，僧人被行人撞了好幾下。他繼續向前走，看見有人提著燈籠向他走過來，這時候旁邊有人說：「這個盲人真奇怪，明明看不見，卻每天晚上提著燈籠！」

僧人被那個人的話吸引了，等那個提燈籠的人走過來的時候，他便上前問道：「你真的是盲人嗎？」

那個人說：「是的，我從生下來就沒有見到過一絲光亮，對我來說白天和黑夜是一樣的，我甚至不知道燈光是什麼樣的！」

僧人更迷惑了，問道：「既然這樣你為什麼還要提燈籠呢？是為了迷惑別人，不讓別人說你是盲人嗎？」

盲人說：「不是的，我聽別人說，每到晚上，人們都變成了和我一樣的盲人，因為夜晚沒有燈光，所以我就在晚上提

著燈籠出來。」

僧人感嘆道:「你的心地多好呀!原來你是為了別人!」

盲人回答說:「不是,我為的是自己!」

僧人更迷惑了,問道:「為什麼呢?」

盲人答道:「你剛才過來有沒有被人碰撞過?」

僧人說:「有呀,就在剛才,我被兩個人不小心碰到了。」

盲人說:「我是盲人,什麼也看不見,但我從來沒有被人碰到過。因為我的燈籠既為別人照了亮,也讓別人看到了我,這樣他們就不會因為看不見而碰到我了。」

僧人頓悟,感嘆道:「我辛苦奔波就是為了找佛,其實佛就在我的身邊啊!」

盲人照亮了別人的路,卻也因此避免了被撞到,一個懂得給予的人,在給予別人的時候,不僅得到了別人的愛戴,還讓自己的心靈得到了釋放。而一個只知道索取的人,即使接受了別人的給予也不一定心存感激,一毛不拔的人注定什麼也不會得到。

傳說有一天,閻王正在審判分發小鬼們投胎的去處。閻王宣判道:「張三你到東村投胎做人,李四你到西村投胎做人……」地獄中聲聲不斷,閻王依次分派。

這時,一直等在一邊的猴子忍不住開口說:「閻王,那些

第七章　你當溫暖，且有力量

小鬼你都讓他們去投胎做人，你就發發慈悲心腸，讓我這隻猴子也去嚐嚐做人的滋味吧。」

閻王說：「猴子啊，人的身上沒有長長的毛，而你全身上下長滿了毛，怎麼能去做人呢？」

猴子說：「我拔光身上的毛，不就可以到人間去了嗎？」

閻王經不起猴子的再三哀求，答應幫助猴子拔毛。閻王伸手拔了一根毛，猴子痛得「嗷嗷」直叫，一溜煙地逃走了。

閻王嘆了一口氣說：「連一毛都捨不得拔，還怎麼有資格做人呢？」猴子一毛不拔，所以注定什麼也得不到。

生活中，有些人常常會抱怨生活給予的太少，可能會覺得某個人對自己不友好，可能會覺得丈夫不夠關心自己。人們想問題的方式往往傾向於得到了多少，而不是付出了多少，總是想別人對自己照顧不周，而不是自己對別人是否擁有足夠的耐心，對別人的寬容度有多少，有沒有考慮過別人的感受。所以人總感覺不幸福，因為總不想付出卻總想得到最大的回報。但很多時候，總是在你默默付出後能得到更多。

心懷感恩，一生溫暖

生活中，當我們享受乾淨的環境時，要感謝那些清潔人員；當我們喜遷新居時，要感謝那些建築工人；當我們食用健康食物時，要感謝農民兄弟；當我們出行時，要感謝司機；當我們讀一本好書時，要感謝作者的創造。朝霞捧出了黎明，大地哺育了生靈，當我們出生之時，我們要感謝母親賜予的生命，以及生活贈予我們的友誼和愛情……所有的這些，我們都要懷著一顆感恩的心去體會和品嚐。

感恩是愛的根源，也是快樂的泉源。如果我們對生命中所擁有的一切能心存感激，便能體會到人間的溫暖以及人生的價值。班奈狄克 (Benedict) 說：「受人恩惠，不是美德，報恩才是。當他積極投入感恩的工作時，美德就產生了。」

感恩之心會為我們帶來無盡的快樂。為生活中的每一份擁有而感恩，能讓我們知足常樂。感恩不是炫耀，不是停滯不前，而是把所有的擁有看作是一種榮幸、一種鼓勵，在深深感激之中進行回報的積極行動，與他人分享自己的擁有。感恩之心使人警醒並積極行動，更加熱愛生活，創造力更加活躍；感恩之心使人向世界敞開胸懷，投身到仁愛行動中去。

第七章　你當溫暖，且有力量

沒有感恩之心的人，永遠不會懂得愛，也永遠不會得到別人的愛。

我們每個人都應該明白，生命的整體是相互依存的，世界上每一樣東西都依賴其他東西。無論是父母的養育、師長的教誨、配偶的關愛、他人的服務、大自然的慷慨賜予……人自從有了自己的生命起，便沉浸在恩惠的海洋裡。一個人真正明白了這個道理，就會感恩大自然的福佑，感恩父母的養育，感恩社會的安定，感恩食之香甜，感恩衣之溫暖，感恩花草魚蟲，感恩苦難逆境。就連對自己的敵人，也不忘感恩。因為真正促使自己成功，使自己變得機智勇敢、豁達大度的，不是富裕和順境，而是那些常常可以置自己於死地的打擊、挫折和對立面。

許多成功的人都說他們是靠自己的努力。事實上，每一個登峰造極的人，都受到過別人許多的幫助。一旦你明確了成功的目標，付諸行動之後，你會發現自己獲得過許多意料之外的協助。你必須感謝這些幫助你的貴人，同時感謝上天的眷顧。

卡內基曾經說過一句至理名言：「感恩是極有教養的產物，你不可能從一般人身上得到。忘記或不會感恩乃是人的天性。」

曾在一本書上看到一個故事：一天下午，耶穌讓十個癱

瘓的人起立行走，九個人高興得一下子跑得無影無蹤，只有一個人磕頭表示感謝後才離開。

感恩，是美的字眼，是種高貴的品格，是貴族的精神，並非人人具備。感恩是一種深刻的感受，能夠增強個人的魅力，開啟神奇的力量之門，發掘出無窮的智慧。感恩也像其他受人歡迎的特質一樣，是一種習慣和態度。你必須真誠地感激別人，而不只是虛情假意。

一個懂得感恩的人，當他們意識到上天的豐厚賜予時，會真正地滿足和快樂起來。他們感激別人對他們的付出。當一個人記起了信心、夢想和希望是促使他生活下去的原因時，他就會越偉大卻越謙卑。任何人以自己的成功為榮時，都應該想起他從上天和別人那裡接受的東西有多少。這樣就不會為所失耿耿於懷，相反，會為所擁有的歡呼不已。

感恩和慈悲是近親。時常懷有感恩的心態，你會變得更謙和、可敬且高尚。

氣質女人每天都該用幾分鐘的時間，為你的幸運而感恩。所有的事情都是相對的，不論你遇到何種磨難，都不是最糟的，所以你要感到慶幸。

「謝謝你」、「我很感謝」，這些話應該經常掛在嘴邊。以特別的方式表達你的謝意，付出你的時間和精力，比物質的禮物更可貴。

■ 第七章　你當溫暖，且有力量

「求同存異」交朋友

　　相傳在喜馬拉雅山中有一種共命鳥，牠只有一個身子，卻有兩個頭。有一天，其中一個頭在吃鮮果，另一個頭則想飲清泉。由於清泉離鮮果的距離較遠，而吃鮮果的頭又不肯退讓，於是想喝清水的頭十分憤怒，一氣之下便說：「好吧，你吃鮮果卻不讓我喝清水，那麼我就吃有毒的果子。」結果兩個頭同歸於盡。

　　還有一條蛇，牠的頭部和尾部都想走在前面，互相爭執不下，於是尾巴說：「頭，你總在前面，這樣不對，有時候應該讓我走在前面。」頭回答說：「我總是走在前面，那是按照早有的規定做的，怎能讓你走在前面？」兩者誰也不服誰，尾巴看到頭依然走在前面，就生了氣，捲在樹上，不讓頭往前走。牠逮到頭放鬆的機會，立即離開樹木走到前面，最後掉進火坑被燒死了。

　　無論是兩頭鳥還是頭尾相爭的蛇，因為不懂得求同存異的道理，兩敗俱傷，最終受到傷害的還是自己。如果那隻鳥的一個頭先讓另一個頭喝到水，再過去吃鮮果，那自己也不是沒有什麼損失嗎？只是哪個先哪個後的問題。人有時候實際上和這隻兩頭鳥一樣，不願意讓自己的利益受到一點點的

「求同存異」交朋友

損失,別人的一點要求也不能滿足,所以到頭來自己也一無所獲。

這世上的事物千奇百怪,人與人之間也有著眾多的差異,生活背景、生活方式、個性、價值觀等的差異,讓我們的相處也存在著或多或少的困難。無所謂希望或者失望、信任或者背叛,我們所能做的就是相互尊重、相互包容、求同存異、真誠相對,不必強求一致。

茫茫人海,相遇、相識即是有緣,如果能爭取更進一步相知、相愛固然最好,如果不能,又何必強求呢?「相逢何必曾相識,相識何必曾相知……」

正是因為這種差異性的存在,在客觀上便要求我們要做到「求同存異」,即尋找彼此相同地方的同時,尊重客觀存在的差異性,從而實現合作。因此,要做到「求同存異」,「尊重」是基礎,而且還需要有耐心、能包容、心胸開闊。如果能將這一條與取長補短、開誠布公協調運用,那麼,不僅雙方能表達得更為順暢,而且還能從中學到不少的新東西。

我們要逐漸學會求同存異,保留相同的利益要求,與人相處也要照顧別人的利益,在自己的利益與別人的利益之間求中間值,自己的利益和別人的利益都得到實現,否則誰會讓自己完全吃虧,而讓你最大限度地獲益呢?

第七章　你當溫暖，且有力量

　　如果不懂得求同存異，那麼，你就很有可能在面臨差異與分歧的時候不顧「同根生」而「相煎太急」，最終使雙方都受到巨大的傷害。

　　在生活和工作中，我們也該本著「求同存異」的原則與他人相處。尋找人與人之間的共同點往往是打造良好人際關係的開始，也是求同存異的前提條件，並且在共同點的基礎之上相互尊重對方的差異性，只有這樣才能與對方進行合作，並且最終獲得雙贏。

第八章

修練涵養與外在,
不過是為了取悅自己

■ 第八章 修練涵養與外在,不過是為了取悅自己

溫柔,是女人最高級的性感

所謂女人味,是指那種含蓄、優雅、賢淑、柔靜的女人的味道,也是一種令男性不可抗拒的力量。尤其是處於相對保守的東方社會,男人所期望的仍然是溫柔的女性,如果女性的行為太開放,言語太大膽,語氣太強硬,男士們都會望而卻步。

溫柔是女性獨有的特點,也是女性的寶貴財富。如果你希望自己更完美、更嫵媚、更有魅力,你就應當保持或挖掘自己身上作為女性所特有的溫柔性情。須知:做女人,不能不懂溫柔;要做個百分之百的女人,不能喪失溫柔;要成為幸福快樂的女人,絕對不能不溫柔。

通透的女人知道,女人最能打動人的就是溫柔。溫柔而不做作的女人,知冷知熱,知輕知重。和她在一起,內心的不愉快也會煙消雲散,這樣的女人是最能令人心動的。

女性的溫柔是民族遺風、文化修養、性格培養三者共同凝練所致。一個通透的女人,善於在紛繁瑣事忙碌中溫柔,善於在輕鬆自由歡樂幸福中溫柔,善於在柳暗花明時溫柔,善於在關切和疼愛中融合情人與妻子兩種溫柔,善於在負擔

溫柔，是女人最高級的性感

和創造中溫柔，更善於填補溫柔、置換溫柔，這些是走向成功的不可輕視的藝術。

溫柔是一種美德，一種足以讓男人一見鍾情、忠貞不渝的魅力。的確，在男人挑剔的眼光中，盯著女人的美麗的同時，心裡還渴求溫柔。在充滿浪漫與憧憬的青年時代，美麗或許會占上風，可當從感性回到理性的認知中時，男人就會更加明白：溫柔比美麗可愛。事實上也是如此，在季節的變遷、時間的輪迴中，美麗的外表會失去光澤，而溫柔將會永駐。這自然形成的女性溫柔古往今來替人間帶來多少深情摯愛、溫馨和諧，讓男人不能忘懷。戀人的溫柔款款彷彿催化劑，催促著愛情的花果早日綻放成熟。夫妻的溫柔像一縷春天的陽光，像一輪秋夜的明月，為生活平添溫馨和明淨。夫妻的溫柔又如高強度的凝結劑，為點點滴滴凝結的金光點綴著幸福。

看一個女人善良不善良，就看她是不是溫柔。人總是以善為本，如果善良是平靜的湖泊，溫柔就是從這湖上吹來的清風。

溫柔裡面包含著深刻的東西，這就是愛。這種愛之所以深刻，是因為不是生硬地表演出來的，而是生命本體的一種自然散發。溫柔可不是嬌滴滴，嗲聲嗲氣。這裡有真假之分。嬌滴滴、嗲聲嗲氣有時是假惺惺，是故作姿態。而溫柔

第八章　修練涵養與外在，不過是為了取悅自己

是真性情，是骨子裡生長出來的本然的東西。一個女人站在面前，說上幾句話，甚至不用說話，我們就能感覺到這個女人是溫柔還是不溫柔。

可能你在事業上不是一個女強人，學歷並不高，廚藝也不怎麼樣，你的手很笨拙，長相也一般，總之你絕對不能算得上是一個十全十美的俏佳人，但你有一大特點——溫柔，這就足以吸引許多男人的注意力。因為在他們眼中，你的這一特點勝過世間一切的景緻。

溫柔的女人就是上帝派來的愛的天使。人們常說：「水做的女人，泥做的男人。」有了如水般的溫情，再硬的頑石也會消融。通透的女人用溫柔征服男人，征服世界。

溫柔的女人具有一種特殊的魅力，她們更容易博得男人的鍾情和喜愛。這樣的女人像綿綿細雨，潤物細無聲，給人一種溫馨的感覺，令人心蕩神馳、回味無窮。

女人的溫柔像沙漠裡日夜吹起的風沙一樣，當這溫柔之沙飛揚起來時，是具有掩蓋一切的姿態和力量的，雖是「沙」，卻那麼柔。女人的溫柔像無孔不入的水滴，它可以涵養孕育世間的萬物生靈……

絕對要優雅

有人這樣說:「你的粗俗將會毀了你的幸福。只有舉止優雅的女人,才會贏得男人的尊重和愛。」優雅,表現了女人有修養,有內涵,她們在一舉手、一投足之間,都會使人覺得恰到好處,很有分寸。

人們往往對舉止粗魯、不講文明的女人嗤之以鼻,即使這種女人腰纏萬貫,也沒有人願意把她們當座上賓看待。優雅的女人則不同,即使她們沒有錢,即使她們沒有什麼名聲地位,就憑她們的優雅舉止,便足以贏得人們的尊重。

很多人都喜歡以迷人的優雅氣質著稱的女影星葛莉絲・凱莉(Grace Kelly)和奧黛麗・赫本(Audrey Hepburn)。葛莉絲・凱莉智慧而優雅的氣質,讓她紅遍全世界,甚至使這位有著「王妃」氣質的灰姑娘在某一天成了真正的王妃。自此之後,其裝扮言行愈加散發出高貴典雅之氣。赫本的優雅,純淨而清麗,彷彿天上仙女般一塵不染,雖舉手投足間仍有些稚氣,卻難掩那份與生俱來的優雅。

二十世紀末,又有一位幸運得叫人嫉妒的好萊塢女孩出現在大眾面前,她就是葛妮絲・派特洛(Gwyneth Paltrow)。

第八章　修練涵養與外在，不過是為了取悅自己

這位並不漂亮的女子亦是以現代女孩少有的歐洲式優雅而耀眼無比。高挑修長的派特洛具有高雅而不失現代的氣質，其品味出眾而時尚的衣著讓人十分欣賞。

就是這個五官平平的女孩，她的優雅簡潔又透著些新時代隨意風格的著裝方式說明，臉蛋不漂亮的女人也可以美麗。

對於女性而言，氣質源自吸引力，良好的形象包括儀容、儀表和心態；氣質源自女性內心的涵養、對禮儀的理解、優雅的談吐和得體的穿著；氣質源自良好的修養，包括品德修養和文化修養；氣質源自好的心態，這是女性在感情、事業生活中如魚得水的保證，也是增添自身魅力的重要因素。

優雅是一種恆久的時尚，當優雅成為一種自然的氣質時，這個女人一定會變得成熟、溫柔。女人必須學會改變自己，去讀書、學習、發現、創造，它們能讓你獲得豐富的感受、活躍的熱情；要學會愛自己、讚美自己，善待自己也善待別人，讓生活充滿意義。

優雅是不分階層、貧富貴賤的，它是一種處亂不驚、以不變應萬變的心態。做一個優雅女人，就是相信自己、相信愛情、相信人生中所有美好的東西。

真正的優雅來自內心的「神韻」之美，是充實的內心世界，是質樸的心靈付諸外在的真摯表現，是自信的完美個性

的體現。而所有的這些都來自你所受的教育、你的自身修養以及你對美好天性的培養與發展。

　　一個優雅的女人在工作和生活中，應始終保持一種開闊的胸懷，這不僅是生存的需要，更是人生快樂的泉源。女性不僅要讓「女人是弱者」的說法改變，而且還要將女性氣質中的恬靜、溫和等充分發揮出來，在婚姻生活、工作中處處展現出女人的迷人氣質。一個優雅的女人擁有一顆寬容和接納的心，用自己的內在魅力征服對方。一個優雅的女人自主性強，這是現代女性成功所必備的心理素養，同時也為現代女性增添了另一番風韻，是一個氣質女性所應追求和塑造的形象。

　　優雅的女人都有一份同情心，對弱者或是受到委屈的人們總會表示出由衷的同情，並理解他們，給予他們適當的安慰和幫助。

　　善良是優雅女人的特性。假如你有一顆善良的心，待人寬厚，從不苛求他人，而且經常幫助一些老人、小孩子，那麼，即使你不是很漂亮，在這個物欲橫流的世界裡，你不俗的優雅氣質依然會讓人心動。

　　一個優雅的女人懂得愛惜自己的身體。身體是生活的本錢，只有健康才能讓自己活力四射。優雅的女人開朗樂觀，遇到挫折時勇於勇敢面對，用女性特有的韌性，在克服困難

第八章　修練涵養與外在，不過是為了取悅自己

的過程中尋求屬於自己的幸福。

一個優雅的女人對未來有著崇高的理想，追求事業上的成功，用充滿自信的目光看待每一件事，每一個人。她的思想不會陳舊，人生也不會走向退化。

一個優雅的女人應該盡量讓自己擁有廣泛的興趣愛好，並能持之以恆。

優雅的女人猶如一束潔白的百合花，散發出淡淡的香味，她內心高貴，才華橫溢。那低頭淺淺的一笑，用手輕輕地滑過那在額頭的髮絲，臉上掛著淡淡的微笑，即使傷心也是淚光點點。優雅的女人有修養，富有內涵，於舉手投足之間散發出一種高貴的氣質。

女人的智慧和修養是靠點點滴滴的累積，而不是一蹴而就的。迷人的優雅姿態並非與生俱來，它需要後天的修養與錘鍊。所以，女人應該認真度過每一天，讓每一天都成為增加自身魅力的一個砝碼，讓優雅成為一種自然而然的習慣與狀態，打造屬於自己的風景和美麗。

自信的女人自帶光芒

　　一個女人將成為怎樣的女人，固然與環境有關，但是，環境不能造就你，你之所以成為自己，是你選擇的結果。即使你手無縛雞之力，讓他人控制了你的環境，但他不能控制你的心態。你的心態決定你的選擇，你的選擇創造你的生活，並決定你能成為一個怎樣的人。

　　每個人都是自己思想的產物，勝敗都由自己選擇。所以，我們要正向思考，充滿信心，執著、認真地相信自己，相信你一定能夠成功。

　　自信就如一道照亮人生路的燈塔，在人生的各種境遇中它都能指引人不斷地向前，在猶豫的時候它告訴你：你可以的，於是提起行囊繼續前行。

　　通透的女人，相信命運握在自己手裡。自信的女人自帶光芒，外表光彩照人。自信的女人神采飛揚，氣度不凡。自信是一種頑強的生命力，往往可以產生意想不到的效果。可以讓人排除各種障礙，克服各種困難。

　　自信與沉魚落雁、閉月羞花的容貌和良好的身材沒有絕

第八章　修練涵養與外在，不過是為了取悅自己

對的關聯。人世間不是所有人都有絕代佳人的美貌，也不是所有人都身出名門，但是自信的人卻會光彩熠熠。

吳小姐本來只是一名銀行職員，後來，她參加了環球小姐的比賽，希望趁自己狀態比較好時去認識一下五湖四海的女孩。她注重的是參與的過程而不是結果，儘管在分區比賽中，她只得了第四名，還是積極地參與到總決賽的培訓中，把自己最好的樣貌帶到總決賽。自信的她終於捧得環球小姐桂冠。

她認為自己獲勝的最大優勢便是自信，自信是對美麗最好的表現。每個自信的女孩子，都能站到舞臺上來，也都有機會拿到屬於自己的人生大獎。

在後來的全球比賽初賽中，她僅排在第十七名，無緣決賽。因為環球小姐評選跨越不同膚色、不同種族、不同文化，東西方必然存在強烈的審美差異。但她並沒有為了迎合評審而改變自我，她為自己是一名開朗而又內斂、含蓄的東方女性而自豪。

比賽結束後，她恢復了本色，非常珍惜銀行的那份工作，覺得那裡是最適合她的地方。明星的光彩畢竟只是一時的，而職業的美麗才是永遠的。二十五歲的她已經是行裡最年輕的副理了。她認為一個人只要相信自己的能力不比別人弱，帶著自信的笑容和充滿自信的眼光看待每一件事、每一個人，並學會寬容，就可以在工作中遊刃有餘。

自信的女人自帶光芒

的確，無論是在舞臺上，還是在工作中，自信的女人永遠美得精采。她敢於展示自己的風姿，勇於讓全世界發現東方女性的美好，勇於跳出設定的審美框架，不去刻意改變自我。自信的她，就是一個至真至純的出色女人。

自信是一種迷人的個性，自信的女人總是精神煥發、昂首挺胸、神采奕奕、信心十足地投入生活和工作當中。自信讓你神采飛揚，令普通的裝束平添韻味；自信給你不凡的氣質，使出色的你更加光彩奪目。讓我們把自信當作外套，神采奕奕地度過每一天。

自信的女人不懼怕失敗，她們用正向的心態面對現實生活中的不幸和挫折，她們用微笑面對迎面而來的冷嘲熱諷，她們用實際行動維護自己的尊嚴。這一切都淋漓盡致地表現出自信者的氣質，一種坦誠、堅定而執著的向上精神。

自信的女人，不會整天張狂霸氣，高呼女權至上。超越男人的方法，不是把他們的霸權還給他們，而是活得跟他們一樣舒展、自信；也不是整天向男人發出戰帖，和諧、平等和互助的兩性關係才是社會進步的動力。

美貌可使女人驕傲一時，自信卻可使女人魅力一生。或許你沒有超群的外貌，但是你不能沒有自信。自信使人產生魅力，自信使人散發氣質、魅力。一個有氣質、有魅力的女

第八章　修練涵養與外在，不過是為了取悅自己

人，無論走到哪裡，常常會成為男人注目的焦點，女性羨慕或嫉妒的對象。

有些女人認為魅力是天生的，與己無緣，因為自己長得不漂亮，身材不苗條，又沒有上等的服飾包裝，一輩子也不奢望擁有它。其實，每個女性都有屬於自己的那一份魅力，只是因為你太自卑、太缺乏自信，以致你的優點、長處、潛在之美得不到挖掘和展示罷了。

即使你的容貌遠遠達不到所謂的「佳人」，才華也遠遠達不到所謂的「才女」，只要你努力做到自信、自愛、自強，也仍然可以尋求到那一份屬於你的氣質魅力。即使你是一個非常平凡的女人，只要你對生活充滿信心，在人生的舞臺上，定能煥發出屬於你的那一份女性的氣質光彩。

人生有很多需要自信的時候，在那些時刻，不同的選擇就代表了不同的未來。對女人來說，更要勇於面對，因為這個社會中屬於女人的機會並不多。自信心往往可以產生想像不到的力量，就像一種看不見的磁場。當一個女人擁有了自信，整個人就會散發出非同一般的光彩。

一個自信的女人坦然地對待生活的饋贈，幸福也好、苦難也罷，總有勇氣去承受，即使面對道路上的泥濘，她仍有前進的動力。自信讓她一路披荊斬棘，並不斷地完善自己，精神煥發地投入生活的下一段長河。

自信的女人自帶光芒

　　人生充滿著各種滋味，當那些苦的味道一股腦襲來，女人莫如一枝敗了的花，垂著腦袋，或者在一聲聲的嘆息聲中熄滅光芒。當天上的太陽升起的時候，萬物依舊燦爛，懷抱著美的希望繼續生長，並堅信開花。

　　自信使女人變得挺拔。如果說女人的資質玉琢石雕，光澤可鑑，那麼，女人的自信亦濃墨淡彩，風格各異。自信就像人生路上的燈塔，在照亮路的同時，閃耀自身。

■ 第八章　修練涵養與外在，不過是為了取悅自己

微微一笑很傾城

　　有位世界名模曾說過這樣一句話：「女人出門時若忘了化妝，最好的補救方法便是亮出你的微笑。」微笑是女人所有表情中最能給人好感、愉悅心情的表現方式。卡內基先生也曾提醒我們：「一個人的面部表情親切、溫和、充滿喜氣，遠比他穿著一套上等、華麗的衣服更吸引人注意，也更容易受人歡迎。」有位小說家更是有一句妙語：「笑得甜的女人，將來的命運都不會太壞。」確實如此，幸福的女人絕對不會拉長了臉度日，帶著甜美微笑的女人，往往生活得都很快樂。

　　達文西（da Vinci）的名畫〈蒙娜麗莎〉（*Monna Lisa*）中，那神祕而安詳的微笑只屬於女人，那永恆的微笑迷了世人幾個世紀。卡內基就告誡所有的女人：像蒙娜麗莎那樣微笑吧，如果一個女人臉上永遠掛著蒙娜麗莎般迷人的笑意，無論她生得多麼醜陋，一抹微笑會遮掩她後天的缺陷與不足，她在男人眼裡，足以和天使相媲美。

　　從《詩經》裡的「巧笑倩兮，美目盼兮」到楊貴妃的「回眸一笑百媚生，六宮粉黛無顏色」，從周幽王為博美人褒姒一笑烽火戲諸侯，到狐女嬰寧憨痴的笑容惹王生神魂顛倒，我

們都可以從中看到微笑的魔力。別說是美人的笑了,即使只是一個小女孩的笑,也會引發令人難以置信的奇蹟。

在二十年前的美國,曾發生一件轟動性新聞:一個陌生人給了加州一個六歲的小女孩四萬美金現金。大家都很驚奇,在大人的一再追問下,小女孩終於說出了令大家都沒想到的答案:「他好像說了一句話 —— 你天使般的微笑,化解了我多年的苦悶!」原來,這個陌生人是一個富豪,但過得並不快樂。因為平時給人的感覺太過於冷酷,幾乎沒人敢對他笑。當他遇到小女孩的時候,她那天真無邪的微笑驅散了他長久以來的孤寂,開啟了他塵封多年的心扉。

微笑是一種很神奇的力量,發自內心的微笑會讓自己感覺到幸福,同時也給了別人溫暖。它就像是心裡飄出的一朵蓮花,美麗,令人一見傾心。微笑是最純粹的吸引,它會讓人有被認可、被喜歡的安慰感。

純淨的微笑,善良的意念,能讓人產生一種自然的吸引力,吸引周圍的人自然而然地願意與我們親近。真誠無邪的微笑能使人回到善意的初衷,歡笑時才是人脫離人為的價值觀、獨立起來的寶貴時段,不用為此而驚奇。因為正是在這個驚奇的時段,人的心理才會是不偏不倚的。

微笑,有時候真能讓人覺得整個世界都變得溫暖起來了。一個不漂亮的女子,她在陽光下的恬淡微笑,那種美

第八章　修練涵養與外在，不過是為了取悅自己

麗，那種溫暖，是那些濃妝豔抹永遠用畫皮來示人的美女們無法比擬的。網路上有一句很經典的話是這麼說的：「要記得永遠保持著微笑，即使是在你難過的時候，因為有人可能會因你的微笑而愛上你。」

有的愛，是從一個微笑開始的，不要懷疑。我們很多人其實都是孤獨的天使，獨自生活在冰封的世界裡，一個溫暖的微笑可以讓人從冰山之巔走到春暖花開的地方。有時候，微笑比語言更有魔力。我們會因為看到一個男孩溫暖的微笑愛上他，他也很可能會因為一個天使般的微笑愛上那個女孩。

微笑的女人是快樂的，也是幸福的。微笑是自信的動力，也是禮貌的象徵。人們往往依據你的微笑來獲取對你的印象，從而決定對你的態度。如果人人都不吝嗇自己的微笑，人與人之間的溝通將變得更為容易。

有些人在第一次見面時，通常會有一種不安的感覺，存有戒心，唯有真摯友善的微笑，可以消除這種心理狀態。微笑是友好的象徵，是人際關係的潤滑劑。一個人臉上時常浮現微笑，會令人感到心中十分溫暖。

微笑是開啟愉快之門的金鑰匙。發自內心的微笑是女人美好心靈的外顯，也是心地善良、待人友好的表露。懂得對

自己微笑的女人,她的心靈天空將隨之明朗;懂得對別人微笑的女人,將會擁有美麗的人生。

做一個通透的女人,用微笑包裝自己。

■ 第八章　修練涵養與外在，不過是為了取悅自己

才情，是女人最美的芳華

女人可以不美麗，但不能無才情，因為才情能重塑美麗。唯有才情能使美麗長駐，能使美麗有質的內涵。

諺語云：「才情是穿不破的衣裳。」衣裳，自然是與風度之美息息相關的。所以，現代女性中注重培養自身風度之美者，在不斷改善自身的意識結構和情感結構的同時，無不特別注重改善自身的智力結構；積極接受藝術薰陶，使自己的風度攫取濃重的才情之光。

「才情之美」的魅力，是擁有獨立自主的意識狀態和自尊自重的情感狀態。才情女性勇於接受來自各方面的挑戰，善於從大自然與人類社會這兩部書中採擷才情，從而不再留有「男性附庸」的餘味。

富於才情的女性，善於對日常應用的思維方式和行為方式進行藝術的提煉。例如遇人、遇事如何以有效的思維方式，迅速採用最恰當的接待方式，以便表現出穩重有序、落落大方的風度。

才情女人的優雅舉止令人賞心悅目，她們待人接物落落大方；她們時尚、得體，懂得尊重別人，同時也愛惜自己。

才情，是女人最美的芳華

才情女人的女性魅力和她的為人處世的能力一樣令人刮目相看。

靈性是女性的才情，是包含著理性的感性。它是和肉體相融合的精神，是蕩漾在意識與無意識間的直覺。靈性的女人有那種單純的深刻，令人感受到無窮無盡的韻味與極致魅力。

彈性是性格的張力，有彈性的女人收放自如，性格柔韌。她非常聰明，既善解人意又善於妥協，同時善於在妥協中巧妙地堅持到底。她不固執己見，但自有一種非同一般的主見。

男性的特點在於力，女性的特點在於收放自如的美。其實，力也是知性女人的特點。唯一的區別就是，男性的力往往表現為剛強，女性的力往往表現為柔韌。彈性就是女性的力，是化作溫柔的力量。有彈性的女人使人感到輕鬆和愉悅，既溫柔又灑脫。

真正的才情女性具有一種大氣而非平庸的小聰明，是靈性與彈性的結合。一個純粹意義上的「知性」女人，既有人格的魅力，又有女性的吸引力，更有感知的影響力。她不僅能征服男人，也能征服女人。

才情女性不必有閉月羞花、沉魚落雁的容貌，但她必須有優雅的舉止和精緻的生活。

第八章　修練涵養與外在，不過是為了取悅自己

　　才情女性不必有魔鬼身材、輕盈體態，但她一定要重視健康、珍愛生活。

　　才情女性在瞬息萬變的現代社會中，總是處於時尚的前端，興趣廣泛、精力充沛，保留著好奇、純真的童心。

　　才情女性不乏理性，也有更多的浪漫氣質。春天裡的一縷清風，書本上的精辟妙句，都會帶給她滿懷的溫柔、無限的生命體悟。

　　才情女性因為經歷過人生的風風雨雨，因而更加懂得包容與期待。才情女性內在的氣質是靈性與彈性的完美統一。

　　才情女子是天上的彩霞，一抹微笑、一個眼神、一句睿智的話，都值得你回味、心醉。

　　通透的女人，絕對會投資自己的才情！那麼，又該如何提高才情呢？

　　一般而言，傳統的琴、棋、書、畫是充實才情的最好方式。因為這四者中無論哪一種，其本身都蘊含著極其深厚的文化底蘊，這對學習者心靈的滋養是大有好處的。另外，也可以運動、讀書等。只要培養起一門業餘愛好，無論是跳芭蕾，還是唱歌，或是其他的什麼，凡是那些有益身心的事，都可能在潛移默化中對你的心性養成產生影響。

你的氣質，藏在讀過的書裡

美貌是會隨歲月的流逝而消逝的，而智慧則是永存的。聰明機智的頭腦和學而不倦的熱情，才能賦予美麗以深刻的氣質內涵，才能使美麗常駐——這才是真正的無價之寶。

女人的美有兩種最基本的劃分：一種是外在的形貌美，一種是內在的心靈美。

外在美的女人是自身美的凝聚和顯現，它既能為自身帶來極大的心理滿足和心理享受，又能給他人視覺上的美感，使人賞心悅目。追求外在的形貌美，是女人的本能天性，不應加以禁錮和壓抑，而應該從美學上加以積極引導。

內在的心靈美可以讓人留下難以磨滅的印象，能引起人內心深處的激動，在人的心靈上留下深刻的烙印。內在美操縱、駕馭著外在美，是女人美麗的泉源。正因為有了內在美的存在，女人才能真正成為完美的女人，才能讓人產生由衷的美感。所以說，內在美比外在美更具有無可比擬的深度與廣度。

「寂寞精靈」張愛玲儘管貌不驚人，但她那瀰漫著陰鬱風情的文章以及她深邃的內心世界，使當代人對她的回憶像一

第八章　修練涵養與外在，不過是為了取悅自己

罈擱了多年的老酒，越品越香醇。有人曾這麼評價她：「文壇寂寞得恐怖，只出一位這樣的女子。」

而現在，由於媒體和廣告鋪天蓋地的宣傳，很多年輕的女孩子遠離了書房，且過分注重外表的修飾和打扮，浮躁膚淺的心態扭曲了她們對美的詮釋。即便是一夜成名，也會像曇花一現，留給人們的只是一個模糊的影子，用不了多久就徹底消逝在別人的回憶裡。

因此，通透的女人會非常注重內在知識的豐富、智慧的修養，這對氣質女性來說是至關重要的。知識將使女性魅力大放光彩。

「讀史使人明智，讀詩使人靈秀，數學使人周密，科學使人深刻，倫理學使人莊重，邏輯修辭學使人善辯。」培根（Bacon）曾在他的著作中寫出了讀書的益處。

喜歡讀書的女人內心是一幅內涵豐富的畫，文字可以書寫性情，陶冶情操。喜歡讀書的女人常常是有修養、有素養的女人。一個女人最吸引人的地方就在於她豐富的內心世界，從而表露出來的優雅氣質。「書中自有黃金屋，書中自有顏如玉。」歲月的流逝可以帶走姣好的容顏，卻無法帶走女人越來越美麗和優雅的心靈。書籍，是女人永不過時的生命保鮮劑。

你的氣質，藏在讀過的書裡

世界有十分美麗，但如果沒有女人，將失掉七分色彩；女人有十分美麗，但如果遠離書籍，將失掉七分內蘊。讀書的女人是美麗的，「腹有詩書氣自華」，書一本一本被女人讀下肚的時候，書中的內容便化成了營養從身體裡面滋潤著女人，由此女人的面貌開始煥發出迷人的氣質和光彩。那光彩優雅而絕不顯山露水，那光彩禁得起時間的沖刷，禁得起歲月的腐蝕，更加禁得起人們一次次的細讀。正因為如此，女人將不再畏懼年齡，不會因為幾絲小小的皺紋而苦惱。因為，女人已經擁有了一顆屬於自己的智慧心靈，有自己豐富的情感體驗，女人生活中的點點滴滴，將會書香四溢。

女人需要博覽群書，以放眼世界。而且在廣泛閱讀的同時，還要善於思考，不盲從，也不偏執，這樣才能培養一顆豐富和廣博的心靈。

書是改變一個人最有效的力量之一，書是帶著人類從蠻荒到啟蒙的捷徑，書還是女人修練氣質之路上最值得信賴的夥伴，那麼，就讓我們沐浴知識的光輝，做一個美麗芳香的氣質美女吧。

■ 第八章　修練涵養與外在，不過是為了取悅自己

做一隻旅行青蛙，永遠在路上

看過傑克‧凱魯亞克（Jack Kerouac）的《在路上》（On the Road）這本小說的女性朋友都有一個共同的感受，閱讀此書彷彿是一場旅行的開始，聽作者訴說著青春的熱情，或飛揚，或沉淪，在喜悅的心情下欣賞他們漫遊的傳奇故事。

小說的主角迪安帶領薩爾等人開始了一場看似盲目的旅行。一路上，他們搭車趕路，結識陌生人，放縱性情，隨心所欲，在聚眾旅行的狂歡中，幾乎沒有道德底線，即使落魄如乞丐，但只要「在路上」就是愜意的。

書中的人物不停地穿梭於公路與城市之間，每一段行程都有那麼多人在路上，孤獨的、憂鬱的、快樂的、麻木的……紐約、丹佛、舊金山……城市只是符號，是路上歇息片刻的驛站，每當他們抵達一個地點，卻發現夢想仍然在遠方，於是只有繼續前進。

作者曾經藉著書中迪安之口對薩爾發問：「你的道路是什麼，老兄？──乖孩子的路，瘋子的路，五彩的路，浪蕩子的路，任何的路。到底在什麼地方，和什麼人，怎麼走呢？」這也正是對一代又一代年輕人的提問，它以無與倫比

做一隻旅行青蛙，永遠在路上

的誘惑吸引著無數人上路。

《在路上》裡的人物實際上是在「尋求，他們尋求的特定目標是精神領域的，雖然他們一有藉口就橫越全國來回奔波，沿途尋找刺激，他們真正的旅途卻在精神層面；如果說他們似乎踰越了大部分法律和道德的界限，他們的出發點也僅僅是希望在另一側找到信仰」。

如今，「在路上」已經成為一種追逐精神自由飛揚的符號，它穿越了幾代人，具有了普遍意義。背起行囊激動地上路，探求不可預知的旅途，似乎就可以「掌握開啟通向神祕的種種可能和多姿多彩的歷練本身之門」，「在路上」更像是不甘現狀、奔赴夢想、尋找彼岸的一種自由自在的生活方式。

而好幾年前，有一隻青蛙風靡了網路，牠喜歡旅行，窮遊富遊都可以，經常說走就走，短則出去一兩天，也有時玩上三四天，這是一隻嚮往著「詩與遠方」的青蛙。也許這隻青蛙的爆紅，本質上也透露了當下很多人對於旅行的嚮往和重視，其中尤其明顯的是女人。在這個浮躁的時代背景下，越來越多的女人也開始去大自然尋找內心的寧靜，而不再是把自己的人生局限於某個辦公室，不再一直扮演著家庭主婦的角色。她們更喜歡「在路上的感覺」，行進在路上，甚至不問

第八章　修練涵養與外在，不過是為了取悅自己

還有多遠，還要走多久。她們只是留戀路上的風景，美麗的或是殘酷的，只是追逐一種「在路上」自在的生活方式。

尹小姐是一位作家，先後獲得碩士、博士學位。如今是一位時尚、讀書專欄作家，也是一位旅行狂人、閱讀狂人、賺錢狂人。

她認為，女人的生活品質與真正的智慧有關，這來源於她堅持每天閱讀的習慣。每一年，她都會利用靠「賣文」累積下來的稿費到世界各地旅遊，把滿滿的錢包變成一段段美好的回憶。

她堅持工作和生活要嚴格分開的原則。她說工作的比例占到百分之二十就好，其餘都是生活。這樣，我們在工作中喪失的尊嚴，可以用工作以外的生活彌補回來。工作一定要是你擅長的，但千萬不要是你熱愛的。

她還認為，只要你有夢想就一定要去實現，哪怕在別人看來那是一件瘋狂的事情，否則就會成了遺憾。她說她最大的夢想是去智利最南端的海角，叫合恩角，在電影《春光乍洩》裡提到的「世界最遙遠的燈塔」就在那裡。因為這個地方非常不容易到達，堪稱航海界的「聖母峰」，所以它是她終其一生的夢想。她甚至想過在脖子上掛一個牌子，寫上：「只要你可以帶我去合恩角，我可以為你做任何事。」如果不是有心中最渴望實現的想法，絕說不出如此瘋癲的語言。

她就是這樣一個「永遠在路上」的女博士，是一個堅持與

做一隻旅行青蛙,永遠在路上

文字和旅行舞蹈的人。行走是她一貫的姿勢。路途中她循著內心的意願,踽踽獨行。

我們來自大自然,只有回歸大自然,我們才能找到本真的自己。這正如愛默生(Emerson)所說的:「人是一種活動的植物,他們像樹一樣,從空氣中得到大部分的營養。如果他們總是守在家裡,他們就憔悴了。」所以,請走出城市,走進自然吧,生機勃勃、博大精深的大自然將提供我們身心發展最豐富的營養。

生活中,沒有任何困難或逆境可以成為我們畏縮不前的理由,當我們猶豫徬徨、懷疑自己時,你只有突破所有局限自己的障礙,開放自己的心靈,才能行走在自由的道路上。「永遠在路上」需要一種生命和夢想的強烈熱情。吃飯可以等,休息可以等,但眼前這一刻,它絲毫不能等待的就是開始這趟旅程──行走。只要腳步永不停歇,我們才能去看最好的風景,去愛最愛的人。

■ 第八章　修練涵養與外在，不過是為了取悅自己

有一個業餘愛好，很好

　　生活中每天抽出一點時間來培養和從事一項自己的業餘愛好，做一些自己喜歡做的事情，不僅有助於豐富我們的才情，還可以為我們忙碌的生活增添一份情趣。

　　美國前總統羅斯福（Roosevelt）即使在戰爭最艱苦的年代裡，仍然堅持每天抽出一點時間來從事自己的小愛好——集郵。做自己喜歡做的事，可以讓他忘記周圍的一切煩心事，讓心情徹底放鬆，讓大腦重新清醒起來。

　　安娜是一家知名公司的經理，儘管自己的事業非常輝煌，但她總感覺到自己生活中缺了點什麼東西似的。於是她選擇了畫畫，每天從百忙中抽出一個小時來安心畫畫，不僅事業取得了輝煌的成就，而且她在畫畫上也得到了不菲的回報——多次成功地舉辦個人畫展。安娜在談起自己的成功時說：「過去我很想畫畫，但從未學過油畫，我從不敢相信自己花了力氣會有多大的收穫。可我還是決定學油畫，無論做多大的犧牲，每天一定要抽一小時來畫畫。」

　　安娜為了保證這一小時不受干擾，唯一的辦法就是每天早上五點前就起床，一直畫到吃早飯。安娜後來回憶說：「其

有一個業餘愛好，很好

實那並不算苦，一旦我決定每天在這一小時裡學畫，每天清晨這個時候，就怎麼也不想再睡了。」她把頂樓改為畫室，幾年來她從未放過早晨的這一小時，而時間給她的報酬也是驚人的。她的油畫大量在畫展上出現，她還舉辦了多次個人畫展，其中有幾百幅畫以高價被買走了。她把這一小時作畫所得的全部收入變為獎學金，專提供那些做藝術的優秀學生。她說：「捐贈這點錢算不了什麼，只是我的一半收穫。從畫畫中我所獲得的啟迪和愉悅才是我最大的收穫！」

「琴書詩畫，達士以之養性靈」，寄情於水墨丹青之中，沉浸於那灑滿墨香的氛圍之中，你的心胸會頓覺舒暢，感受藝術之美的同時感受生命之美，生活中一切不快便會「不放自下」。

如果你還不能肯定你真正喜歡什麼，可以回憶一下年輕的時候，在養家餬口這種實際的生活打斷你的浪漫之前，有什麼曾引起你的興趣？

洛塔爾從小就對網球感興趣。她記得，自長大後就沒離開過網球拍。在高中她是校網球隊隊長，在哈佛大學也是一樣。她常常為了賺點零用錢而參加巡迴表演賽。後來她成為一家公司的副總裁，但她從來沒有放棄過對網球的熱愛。退休後不久，她就加入了美國網球協會。

第八章　修練涵養與外在，不過是為了取悅自己

可見，擁有一項屬於自己的業餘愛好，不僅能夠為氣質女人緩解生活中的壓力和苦悶，也是一種增進人生體驗、挖掘生活樂趣的好方法，那麼作為一個通透女人，何不培養一個業餘愛好？一來消磨時光、二來也能增加生活樂趣、三來更能陶冶性情。

有一個業餘愛好，很好

國家圖書館出版品預行編目資料

優雅的反擊！女人溫柔卻從不妥協：活出高雅格調，創造他人無法複製的精彩人生 / 朱凌，常清著 . -- 第一版 . -- 臺北市：財經錢線文化事業有限公司，2024.12
面；　公分
POD 版
ISBN 978-626-408-102-3(平裝)
1.CST: 自我實現 2.CST: 生活指導 3.CST: 女性
177.2　　　　　113017887

優雅的反擊！女人溫柔卻從不妥協：活出高雅格調，創造他人無法複製的精彩人生

臉書

作　　　者：朱凌，常清
責任編輯：高惠娟
發　行　人：黃振庭
出　版　者：財經錢線文化事業有限公司
發　行　者：財經錢線文化事業有限公司
E - m a i l：sonbookservice@gmail.com
粉　絲　頁：https://www.facebook.com/sonbookss/
網　　　址：https://sonbook.net/
地　　　址：台北市中正區重慶南路一段 61 號 8 樓
8F., No.61, Sec. 1, Chongqing S. Rd., Zhongzheng Dist., Taipei City 100, Taiwan
電　　　話：(02) 2370-3310　　　傳　　　真：(02) 2388-1990
印　　　刷：京峯數位服務有限公司
律師顧問：廣華律師事務所 張珮琦律師

-版權聲明-
本書版權為樂律文化所有授權財經錢線文化事業有限公司獨家發行電子書及紙本書。
若有其他相關權利及授權需求請與本公司聯繫。
未經書面許可，不得複製、發行。

定　　價：350 元
發行日期：2024 年 12 月第一版
◎本書以 POD 印製
Design Assets from Freepik.com